市民生活と裁判

川島清嘉・川島志保

（三訂版）市民生活と裁判（'22）

©2022　川島清嘉・川島志保

装丁・ブックデザイン：畑中　猛

o-35

まえがき

　この『市民生活と裁判』は，市井で活躍する5人の弁護士が分担して2018年に開講された『市民生活と裁判』（2018年版）の講義の一部を，新しいテーマに書きかえたものである。2018年版と同様に今回も，それぞれその弁護士が日頃から多く扱っている分野を担当して身近な紛争を分かりやすく解説することに心がけた。

　今回の『市民生活と裁判』（2022年版）では，新たに「子どもと法律」，「雇用をめぐる紛争とその解決（2）ハラスメントについて」を取り上げ，また，「家族間の紛争とその解決（1）離婚に関わる問題」と「家族間の紛争とその解決（3）高齢者をめぐる紛争」を書き直し，時代の流れに沿うように工夫した。また，すべてのテーマを弁護士が担当することにより，市民の目線に立って分かりやすい教材の作成と講義を展開することを心がけた。

　「良き法律家は悪しき隣人」といわれるように，法律も法律家も世間の嫌われ者とされてきた。これまで，多くの市民は「法律」や「裁判」という言葉を聞いただけで，何か悪いことであり，できれば関わりたくないというイメージを抱いていたと思う。

　しかし，2009年に，裁判員裁判が始まって以来、2020年2月末までの約11年間に73,022人が裁判員として刑事裁判に関わっている。また，2019年に家庭裁判所が新たに受け付けた婚姻関係事件数（子の監護，親権者の指定・変更を含む）の合計は約10万7,300件，遺産分割事件数は約1万3,800件となるなど，家庭裁判所を利用する人も増えつつあることから，以前に比べると，裁判所は，市民に身近な存在となり，裁判や法律に関心を持つ市民も増えてきたと思われる。

　ところで，人々の暮らしに詳しい法律の知識は必要とされるだろうか。裁判員裁判に参加する裁判員は，それぞれの知識や経験を生かして判断することが求められているのであって，詳しい法律の知識が求められているわけではない。家庭裁判所に申し立てられる調停事件は，裁判官と

4

２名の調停委員で構成される調停委員会が，当事者双方の事情や意見を聞くなどして双方が納得して問題を解決できるよう助言やあっせんをする手続であり，当事者が自らの力で紛争を解決することが求められているが，ここでも当事者に個々の法律の詳しい知識が求められているわけではない。

"ubi societas, ibi ius."（社会あるところ，法あり）という法諺のとおり，人間の歴史をたどると，集団生活をするところには必ず集団のメンバーの行動を律する規範（ルール）が存在し，その規範が破られた場合どのような制裁を科すか，またはどのようにして強制的に規範を実現するかについても規範が存在してきた。

現代社会においては，規範の多くは「法律」（制定法）という形をとり，人々の行動を律することとなっている。しかしながら，法律を杓子定規に当てはめるだけでは，紛争の解決にはならない。バランスのとれた柔軟な思考と法律の根底にある法的なものの考え方（リーガルマインド）によってこそ，当事者双方が納得する解決にたどりつけるのではないだろうか。

この授業は，個々の法律の条文に従った知識の取得を目的としているわけではない。日常生活で遭遇するいくつかの紛争をテーマに取り上げ，紛争の背景事情，当事者それぞれの立場に立って考えること等を通じて，受講生に法的なものの考え方を身につけてもらうことを目指している。具体的な事例を取り上げて調停や裁判等の経過をたどったり，弁護士と相談者や学生との対話形式を取ったりするなど，分かりやすい講義を目指したつもりである。講義を通じて裁判や法律に興味を抱いてさらに勉強を進めてもらえれば，これほどうれしいことはない。

なお，最後に，この教材に登場する人物は，いずれも架空のものであって実際に存在する人物とは無関係であること，また，実際の事件では必ずしもこの教材に書かれているとおりの解決にはならないことを予めお断りしておきたい。

2022 年 3 月
川島清嘉・川島志保

目次

1 | 市民生活と裁判へのいざない

| 川島　清嘉

《**目標＆ポイント**》「市民生活と裁判」という講義が，何をねらいにして，どのような内容の授業を，誰が，どのように進めるかを説明，また，裁判に関係する重要な用語についての解説に加え，本講義を受講する場合の心構えについても説明します。

《**キーワード**》　紛争，法，裁判，原告，被告，解決，裁判官，民事訴訟，刑事訴訟，手続的正義，実体的正義

1.　この講義の目的

　多くの人にとって，「裁判」とは親しみのある言葉ではなく，むしろ人に警戒感を抱かせる言葉です。しかしながら，社会が複雑化し，人や物のつながりの中で日々の生活を送る私たちは，好むと好まざるとに関わらず，法律上の紛争に巻き込まれ，ときには裁判の当事者となるおそれがあります。

　この講義では，私たちに身近な題材をもとに，日常生活で生じる各種の法律上の紛争について検討することを通じて，法律についての基本的な知識を身につけるとともに，法律的な物の考え方，思考方法とはどのようなものかを理解した上で，一般市民である受講者が法律上の紛争に遭遇した場合に，紛争の適切な解決への糸口にたどりつく能力を身につけることを目的としています。

2. 裁判とは何か，法とは何か

（1）社会あるところ法あり：ubi societas, ibi ius

　有名な法格言で「社会あるところ法あり」という言葉があります。文字どおり，人が集団で生活するところには実質的な意味での法があるという意味です。実質的意味での法とは，形式的な意味での法に対比して用いられる言葉です。

　形式的な意味での法とは，私たち現代の日本人が，一般的に，法という言葉を議会が法として定めた規範として理解するように，一定の形式的な基準によって判断し，法としての効力を自動的に認められる規範を言います。

　これに対して，実質的な意味での法という言葉は次のように説明されるものです。

　例えば，原始時代の部族社会のような，国の制度が整っていない古代社会でも，人々が集団生活をしている以上，その集団構成員の行動を律する規範が，必ず，その集団内に存在していました。その形式は部族の長の命令であったり，部族の慣習であったり，部族の信仰の対象となる超越者（神）の命令の形をとったりと，さまざまですが，いずれにしても人々の行動に強制を加え，かくあるべしと命じ，それに従うことを強制する規範が存在しました。それを実質的な意味での法といいます。そのような実質的な意味での法は，古代から現代に至るまでのあらゆる社会，部分社会に存在します。

　その規範がいつも守られるとは限らず，規範が破られることによって，構成員内の利害の対立が生じ，それが当事者間では解決できなくなる紛争状況が必ず生じます。紛争が生ずる限り，当事者を超越する何らかの力や権威を用いてそれを解決する制度が存在します。それが裁判で，法

と裁判は不可分のものとして発展してきました。

（2）訴訟と裁判

　さて，訴訟と裁判という二つの言葉は，同義として理解されることもあり，区別して用いられることもあります。区別する場合には，解決されるべき事件の存在を前提にして，裁判する者と裁判される者とが対立し，裁判する者が権威を背景として，その事件に対する法的判断を最終的に与えることを裁判と呼び，その裁判に至るまでの一連の過程を訴訟と呼びます。私たちが今日理解しているような訴訟や裁判の形式は，国家の変遷に合わせて変化してきました。

　いかなる権力も，その権力の勢力圏の内部においては，治安を維持し，構成員の間の紛争を解決することと，その権力の勢力圏の外部の暴力から構成員を守ることを，構成員から強制的な金銭（税）の徴収を行う見返りとして構成員に保障します。近代国家の成立のプロセスは，このような権力主体が小さな空間を支配し，数多く分散して存在する状態から，現在の国民国家として観念される一定の領域を単位にして，ある主体がその権力を独占していくプロセスにほかなりません。現代の裁判や訴訟の制度は，このような過程にしたがって形を変えてきた，紛争解決の権力的な介入制度の現在の姿なのです。

　現代の法治国家においては，このような権力主体の権限を，立法権と司法権と行政権に分け，それらを国家が独占しつつ，なお国家の内部でこれらの三権を分ける制度がとられています。司法権の国家独占によって，国家が制度的な紛争解決をほぼ独占しています[1]。

（3）専門家による裁判と非専門家の参加

　現在，すべての訴訟は，民事訴訟ばかりでなく刑事訴訟も行政訴訟も，

形式的には，紛争を最終的に解決する裁判官を中心にして，原告と被告とが対立して手続を進める構造をとっています。原告・被告（その代理人を含む）と裁判官以外の者を訴訟に参加させるかどうか，また参加させる場合の参加の仕方は，国によって時代によって違いがあります。紛争の解決をもっぱら専門的な職業集団の手に委ねるか，その一部に紛争解決の素人・一般人を参加させるか，参加のさせ方等の違いは，歴史的な要因等で規定され，国ごと時代ごとに大きく異なるものです。

　シドニー・ルメットが監督し，ヘンリー・フォンダが主演した名画，『12人の怒れる男』（12ANGRYMEN）で，アメリカの陪審制度は日本人にも広く知られるようになりました。その起源は，ヨーロッパ中世のフランク王国時代に，北フランスのノルマンディー地方で行われた慣行だといわれます[2]。この慣行が，11世紀のノルマン民族によるイギリス征服に際してイギリスに伝えられ，さらにアメリカに継受されてアメリカで独特の発展を遂げました。ヨーロッパのフランスやドイツでも18世紀末から19世紀にかけて，同種の制度の導入が試みられました。しかし，大陸法系の国ではこのような制度が結局定着しなかったのに対して，アメリカでは裁判の基本的な要素として発展したということです。

　日本でも大正12（1923）年に陪審法が制定され，刑事陪審制度を導入したのですが，このときの制度は結局定着せず，昭和18（1943）年に施行が停止されました。しかし，平成16（2004）年「裁判員の参加する刑事裁判に関する法律」が成立し，平成21（2009）年5月に施行された結果，日本でも非専門家が裁判に参加する制度が再度導入されています。

　裁判員裁判については，第3章で詳しく解説します。

（4）裁判の種類

　裁判を大きく分けると，当事者の私法上の権利保護を目的とするために，その主体性を当事者に置く民事訴訟と法秩序維持のため犯罪に対し刑罰を科することを目的として，国家が主体となる刑事訴訟があります。さらに，近代法治国家の行政現象の増大によって発生・発達し，比較的新しい制度である行政訴訟があります。行政訴訟は，当事者である国民の権利保護という点では民事訴訟と同じ目的を持ちます。しかしその保護の対象は，公法上の権利関係を保護対象とするものです。

　それぞれの訴訟の具体的な内容は，この印刷教材を読み進めることで，よりよく理解されるでしょう。

（5）手続法と実体法，手続的正義と実体的正義

　ここで今後の印刷教材のよりよい理解を助けるために，法律家が区別する二つの法ないしは正義について解説を加えておきましょう。それは手続法と実体法とか，手続的正義と実体的正義という言葉で表される考え方です。

　手続法というのは，法律関係の認定や成立を認める手続，つまり，権利・義務あるいは法律関係の実質的な内容を実現するためにとるべき手続・手段・方法を規定する法のことを言い，実体法は，権利や義務という法律関係の内容を定める法律を意味します。抽象的な定義は分かりにくいかもしれませんが，民事訴訟法や民事執行法等は民事手続法，刑事訴訟法等は刑事手続法で，民法や商法等は民事実体法，刑法や軽犯罪法等は刑事実体法だといえばお分かりいただけるでしょうか。

　法律家はこのような区別をすることとの関係で，正義にも手続的正義と実体的正義の二つの異なる種類の正義があると考えます。正義は実体だけでのものではないと考えるのです。

　手続的正義は，一般的に言えば，私たちがある判断をする際に必要な情報を集め，それを検討し，判断するまでの手続の妥当性・適正性を問題にします。

　一例を挙げましょう。

　刑事裁判では，違法な手段で集められた証拠は証拠として用いることができないというルールがあります。憲法 38 条 2 項は，「強制，拷問若しくは脅迫による自白又は不当に長く抑留若しくは拘禁された後の自白は，これを証拠とすることができない。」と定めますし，刑事訴訟法 319 条 1 項は，「強制，拷問又は脅迫による自白，不当に長く抑留又は拘禁された後の自白その他任意にされたものでない疑のある自白は，これを証拠とすることができない。」と定めます。

　このルールの適用の結果，ある人が実際に犯罪行為を行った真犯人であるとしても，それを証明する証拠が違法な手段で集められたものだけである場合には，有罪を証明する証拠がないことになります。真犯人は無罪となり，実体的正義を犠牲にして手続的正義を重んずる結果が生じます。なぜこのような考え方が正義に適うのでしょうか。

　このケースだけを考えると，正義に反すると指摘することは可能です。しかし，刑事裁判における一方当事者である検察官は，国家権力を背景にしているのに対して，刑事被告人は個人である場合が多いといえます。現代では，国家権力に匹敵し得る資金力や組織力を持つ大企業が刑事被告人になることもあり得ますが，このようなルールが形成された近代国家成立の歴史的な背景の下では，国家権力対権力を持たない個人という対比に意味があり，その対比は今日でも有意義な局面が多いといえます。

　このような背景の下では，手続的正義を重視する原理を確立することで，結果において，検察の適正な手続による実体的な真実の解明の確率を高めることができます。個別事例における手続的正義の優先の可能性

という，比喩的に言えば，ある種の社会的な保険料を払うことで，むしろ社会全体では，権力の恣意的な行使が抑止され，適正な手続による実体的正義の実現が促進されると考えることができるのです。

　手続的正義と実体的正義を区別する法律家の発想は社会的にも有用な考え方ですので，訴訟の場以外でも頻繁に用いられています。

　ある問題について何が正しい決定であるか，人々の価値判断が分かれることは稀ではありません。しかし，そのような問題についても，ある集団，ないしは社会全体として一定の時間の範囲内で決断を下さなければならないということはよくあります。そのような場合に，私たちは，実体の正しさが分からない場合は，せめて決定に至る手続の適正さを確保し，その手続にしたがって行われた決定を受け入れる，すなわち実体的にも正しい決定として取り扱うことを，一般的に行っているといえます。これは手続的正義の考え方の応用だといえるでしょう。

（6）紛争解決とプロフェッショナルという言葉

　裁判という紛争解決と専門家の関係について若干のコメントをしておきましょう。

　profession（専門職）という単語は，英語ではもともと，聖職者，法律家，医師のみを表す言葉です。語源的にはラテン語の professionem（professio）で，16 世紀の用法で "occupation one professes to be skilled in" あるいは 17 世紀の用法で "body of persons engaged in some occupation" を意味したと解説されています[3]。法律家や医師や聖職者は，「利用者からみると，そのサービスの内容・程度についての判断が困難であるところから，同業者が集団を作り，自律的に資格やサービスの倫理的遂行について規制しあうことをプロフェスするために，プロフェッションと呼ばれた。」とされるのです[4]。プロフェスするとは広く社会に向かって

公言する，宣言するという意味です。

　法律家や医師のための学問は，このような専門職業集団の伝承的な知識の体系の教育と研究です。したがって，一方で，法学教育は，法科大学院教育に代表されるように，資格を得るための効率的教育であることを要求され，その専門職業集団の一員となるには，厳しい選抜と内部でのトレーニングを経ることが要求されるのです。

　しかし，現代の裁判はこのような専門家集団の知識だけでは解決され得ない，さまざまな複雑な問題を取り扱います。法律家は法の専門家ではあっても医学や科学技術の専門家ではなく，今日の多くの紛争の解決には，このような専門事項についての知識が必要となっています。

　裁判官，弁護士，検察官という法曹三者の役割と，それ以外の専門家の関わりは，まさに今日的課題です。この講義を学びながら，一緒に考えていきたいと思います。

3.　講義全体の構成と受講の心構え

（1）法律を学ぶきっかけはさまざま

受講生：私は，もともと理科系の人間で，この放送大学でも法律の科目を選択したことがありません。ただ，最近，友人がある裁判に巻き込まれたこともあって，「市民生活と裁判」というタイトルが気になっています。私のように法律にまったく縁のなかった素人でも，この科目を受講することに意味がありますか。

教員：このコースは，放送大学の「社会と産業コース」の中の「法学系」の授業として位置づけられています。したがって，この授業の受講者には，法律に興味を持ち，裁判についての知識や理解を深めたいとする目的の学生も多いと思います。

　しかし，この授業は，特定の分野の法律について専門的な知識を身

につけたり，理解を深めたりすることは主眼とせずに，既に説明した
とおり，法律についての基本的な知識を身につけ，紛争の適切な解決
への糸口にたどりつく能力を身につけることを目的としています。し
たがって，文化系の学生だけでなく，理科系の方にも，是非，受講し
てもらいたい科目です。

受講生：そういえば，私の指導教授からも，数年前，欠陥住宅に関する
裁判で，裁判所から鑑定を依頼されたという話を聞いたことがありま
す。法律や裁判は，思っているより身近なことかもしれませんね。

（2）講義全体の構成

この授業で取り上げる講義のテーマは，次のとおりです。

①刑事事件と少年事件

第2章と第3章は，刑事事件と少年事件を取り上げます。刑事裁判
や少年事件の仕組みに加えて，刑事裁判への被害者の関わりや裁判員
裁判等の比較的新しい制度についても学びます。

②子どもを含む家族間の紛争

第4章では子どもと法律，第5章から第7章までは，家族間の紛争
を取り上げました。法律上子どもはどのように扱われるかを概観し，
親権とは何か，法律上の親子関係はどのようにして生じるのか等につ
いて学びます。また，家族間の紛争では，夫婦間の紛争がどのように
解決されるのか，調停や訴訟の手続の概要について学ぶとともに，家
族の一人が亡くなったときの相続の問題や高齢者の財産管理について
取り上げています。

③障害者の権利と差別をめぐる紛争

第8章は，障害者の権利について，条約や国内法が果たす役割，世
界の動きや日本の状況を学びます。より弱い立場にある人たちの権利

がないがしろにされる社会は，基本的人権を尊重した社会とはいえません。共生社会，つまり誰もが相互の人格と個性を尊重し，支え合い，人々の多様なあり方を相互に認め合う社会を実現する上で，法律がどのような役割を果たすのか，を考えることにしました。

④**住まいに関する紛争**

　第9章は，住宅をめぐるトラブルを題材に取り上げました。一生に一度の大きな買い物である住宅に欠陥があった場合，私たちは，どうすればいいのでしょうか。法律の定めとそれを実現する手続について検討することにより，権利の実現とは何かを考えることにします。

⑤**交通事故や学校体育中の事故に関する紛争**

　第10章と11章は，私たちに身近な事故をテーマとして取り上げました。交通事故における損害賠償請求の考え方や交通事故に関連する保険の仕組み，学校におけるスポーツ事故に内在する問題点等を法律の視点から検討します。

⑥**雇用に関する紛争**

　第12章は，雇用に関する紛争です。解雇された従業員の法律相談を受けながら，労働紛争の解決に至る過程をたどります。労働者側の事情のみならず，会社側の事情も考えてみます。双方の事情を考慮することにより，それぞれが納得できる紛争解決を目指すことができることが分かります。

　第13章は，ハラスメントを取り上げました。会社上司による女性社員に対するセクハラ案件を題材として，どのような行為がハラスメントに該当するかを検討するとともに，ハラスメント行為の防止策についても取り上げました。

⑦**プライバシーの権利と個人情報**

　第14章は，プライバシーの権利や個人情報保護の重要性を取り上

げています。インターネットの発達により，これまで考えられていた観点だけでは十分でない現状にも触れながら，今後のあり方についても考えます。

受講生：これらのテーマをみると，いくつか興味深いものもありますが，今の私にとって家族間の紛争とか，住宅に関することなどは，必ずしも身近なテーマとは思えませんし，まさか自分が刑事事件に巻き込まれるとも思えないのですが。

教員：未婚の若い方にとっては，家族間の紛争は身近ではないし，賃貸のアパートに住んでいる人には，住宅や建築の紛争は無縁だと思われるかもしれません。少年事件や刑事事件も，善良な市民生活を送っている人にとっては，「他人事（たにんごと）」かもしれません。

　しかし，自分自身ではなく，両親や親族，あるいは友人の離婚や相続の問題，いつかマイホームを持とうとしたときのこと，あるいは，交通事故や会社の不祥事など，思わぬところで事故や事件に遭遇するかもしれません。そんなとき，法律の知識を持っていること，法律的なものの考え方を知っていることは，きっと役に立つはずです。

　そういった観点から，この講義では一般市民が日常生活で遭遇する可能性が高い類型の紛争を選びました。少子高齢化や，単身世帯の増加など家族のあり方は急速に変わりつつあります。離婚や相続などの家族に関する紛争についての課題が多いのも，そのためです。

　それぞれの講義は，法律上の知識を身につけることだけを目的としているわけではありません。例えば，交通事故一つとっても，同じ事故はありませんので，それぞれの事故に適用される法律もさまざまです。大切なことは，一つの事例をとおして，法律的なものの考え方を身につけてもらうことだと思っています。

受講生：「法律的なものの考え方」を学ぶことによって，さまざまなケースにも応用ができるということですね。何だか興味がわいてきました。

教員：それはよかった。

　この授業は，私を含めて5人の弁護士が講師を担当します。5人の弁護士が，それぞれ日頃実務で多く取り扱っている得意分野の紛争を取り上げることにしました。

受講生：弁護士にも，得意な分野，不得意な分野というものがあるのですか。

教員：そうですね。私の場合，若い頃はほとんど何でもやりましたが，最近は，刑事事件や離婚裁判はほとんど担当しません。最初から，この分野の仕事をやりたいということではなく，弁護士の仕事をして年数を重ねていくうちに，自然と特定の分野の仕事が多くなったというのが実情です。現在は，地方自治体を依頼者とする行政事件や建築紛争，会社の経営や従業員とのトラブルなどに関与することが多いので，今回の授業でも，私は主としてこの分野を担当しました。川島志保弁護士は私の妻で，私と同じ事務所で仕事をしていますが，私とはまったく仕事の分野が異なり，子供の問題や離婚，ドメスティック・バイオレンス（DV），成年後見など，主として家庭裁判所が関係する事件や知的障害者・高齢者に関係する事件を中心に仕事をしています。

受講生：夫婦で同じ事務所で仕事をしていながら，一緒に事件を担当することはないのですか。

教員：はい。ほとんどありません。一緒に仕事をすると，事件の処理方針や書面の記載内容について意見が異なり，第5章，家族間の紛争とその解決（1）のような状況になるリスクが大きいので，特別な場合を除いて，同じ事件を一緒に担当することはありません。

受講生：そういうものですか。ところで，徳田暁弁護士，藤田香織弁護

士，中村真由美弁護士の 3 名の弁護士は，川島夫妻と比べると，随分若い世代の弁護士になりますね。

教員：はい。徳田弁護士は，平成 12 年に横浜で弁護士登録した後，平成 17 年 6 月から平成 21 年 2 月まで，日本弁護士連合会が弁護士過疎地対策として設立した山形県の「米沢ひまわり基金法律事務所」の初代所長として活躍した実績があります。横浜に戻ってからは，日本弁護士連合会及び神奈川県弁護士会の高齢者・障害者の権利に関する委員会やスポーツ法に関連する分野で活躍しているので，この授業でも，この分野に関連する紛争を担当してもらいました。藤田香織弁護士と中村真由美弁護士は，私が以前に教員をしていた横浜国立大学法科大学院を卒業し，平成 19 年に弁護士登録をしたロースクール出身の第 1 期生の弁護士です。藤田弁護士は少年事件や裁判員裁判を含めた刑事法の分野を得意としています。中村弁護士は，私の事務所に所属していて，近年，インターネットに関連したプライバシーの侵害や個人情報の漏洩が大きな社会問題となっているので，この分野を担当してもらいました。

（3）受講の心構え

受講生：授業を受講する場合の心構えのようなものがありますか。

教員：そうですね。この授業では，家族間の紛争や交通事故など一般市民が日常生活で遭遇する紛争について，具体的な事例を挙げて解説をしています。その場合，他人事として考えるのではなく，自分が紛争の当事者（例えば交通事故の被害者本人）になったつもりで考えてみると，興味を持って取り組むことができると思います。

　また，同じ事案について，反対の当事者（例えば交通事故の加害者）になった場合，どのように考え，どのような解決を図りたいと思うか

など，立場を変えて検討を加えるのもよいと思います。さらに，あなたが裁判官であっとしたら，両者の意見を聞いて，どのように判断をするかを考えてみるのもよいでしょう。同じ事案であっても，立場の違いによって，物事のとらえ方や解決方法についての判断が，大きく違ってくることが理解できるはずです。

受講生：分かりました。自分自身が紛争の当事者になったつもりで，積極的に授業に取り組むことにします。

　この章のうち，第2項（裁判とは何か，法とは何か）の記述は，「市民生活と裁判'12」（初版）第1章の著者である來生新，元放送大学学長の了解を得て，初版第1章第2項の記載を，ほぼ原文のまま掲載させていただいたものです。

》注

（1）「ほぼ」と限定をつけるのは，国家権力と関わりのないADRのような自然発生的な紛争解決手段も，各時代において必ず存在するからです。
（2）「陪審制」，日本大百科全書(ニッポニカ)，ジャパンナレッジ(オンラインデータベース)，当時，ノルマンディーでは，事件発生地の近辺の住民を集め，その宣誓陳述を聴いて裁判を行っていたといわれます。
（3）ONLINE ETYMOLOGY DICTIONARY "profession"
　　　http://www.etymonline.com/index.php?term=profession
（4）「医師」，日本大百科全書（ニッポニカ），ジャパンナレッジ（オンラインデータベース）

2 | 刑事事件に関する問題

| 藤田　香織

《**目標＆ポイント**》　刑事事件の目的を知り，刑事事件の手続の流れについて学習するとともに，被害者がどのように刑事事件に関わるかを考察する。
《**キーワード**》　刑事事件，刑事手続，捜査，公判，被害者，被害者参加，損害賠償命令制度

1.　民事事件と刑事事件

　例えば，AがBを殴って骨折させたとする。BはAの暴行によって骨折という傷害を受け，傷害によって治療費や休業損害，慰謝料等の損害が発生したのであるから，Aに対して，不法行為（民法709）[1]に基づく損害賠償請求として金銭の支払いを請求することができる。そして，裁判所に対して訴えを起こすという形でこの請求を行った場合には，民事裁判が提起されたということになる。AとBは裁判所で互いに主張，立証を行い，裁判所が判決をする。Bの請求を認める判決がなされれば，Aに損害賠償金を支払わせることができる。このように，私人と私人との間の紛争が問題になる場合，これを民事事件と呼ぶ。

　一方，Aは人（B）の身体を傷害させたのであるから，傷害罪[2]の構成要件に該当し，15年以下の懲役又は50万円以下の罰金を受ける可能性がある。警察官と検察官が捜査を行った上で，検察官がAを起訴するかどうか決定し，Aが起訴されれば刑事裁判の手続の中で，Aが傷害罪で有罪となるか，有罪になったとしてどのような量刑が科されるべきかが判断され，判決が下される。このように，裁判手続によって刑罰

を科すかどうか，及びその量刑を判断する場合を，刑事事件と呼ぶ。

　民事事件では，被害者と加害者が原告と被告としてどちらも手続に加わり，主として金銭請求を行うが，刑事事件では，被害者は当事者にならず，検察官が加害者である被告人を訴追する。

2. 刑事訴訟の手続

（1）捜査と裁判

　刑事手続は犯罪者を処罰する手続である。刑事手続は，犯罪が発生したと考えられるときに犯人と思われる者を特定・発見し，証拠を収集・保全することから始まる。この手続を「捜査」手続といい，捜査を経て起訴された事件を審理し判決を言い渡す手続を「裁判」手続という。

　刑罰は，死刑であれば生命を奪い，懲役や禁固であれば自由を奪い，罰金であれば財産を奪う，強力な強制処分であるから，無実の者に刑罰を科すことは決して許されない。また，捜査や裁判の対象となっている者の人権が侵害されないようにする必要もある。そこで，「刑事訴訟法」(以下「刑訴」という)[3]等の法律によって適正な手続が定められている。以下では，先述した，Bを殴って傷害の結果を発生させたAに，どのような手続で刑事罰が科せられるかを例にとって，刑事事件の手続について見ていく（図2-1）。

（2）捜査の概要
①捜査の端緒

　捜査は，捜査機関が犯罪があると思料するときに開始される。具体的には，被害者からの被害届，警察官による職務質問，犯人の自首等がきっかけとなることが多い。起訴前に犯罪の疑いを受け，捜査の対象となっている者を被疑者という。

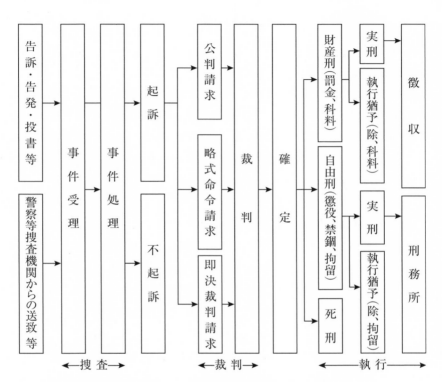

①捜査は,検察官が主体となって行い,検察事務官は検察官
　を補佐し,又はその指揮を受けて捜査を行う。

②事件は,在宅事件と身柄事件とがあり,取り調べ,各種令状
　の請求,執行等が行われる。

図2－1　刑事事件の流れ

> AはBを殴った直後，自ら警察に電話をして傷害事件の発生と自らが事件を起こしたことを伝え（自首），これをきっかけに捜査が始まった。

②捜査の実行

捜査においては，証拠の収集，被疑者の発見及び確保を，迅速かつ的確に行う必要がある一方で，被疑者その他の関係者の人権を侵害する可能性がある。そこで，公務員による拷問（憲法36），自白の強要（憲法38Ⅰ）が禁止される。また，逮捕，住居への侵入，捜索，押収等の強制処分を行うには裁判官の発する令状によらなければならない（憲法33，35）と定められている。

③被疑者の逮捕・勾留

捜査の過程においては，被疑者の逃亡や証拠隠滅を防止するために被疑者の身柄を拘束することがある。被疑者の身柄拘束のための強制処分としては，比較的短期間の逮捕（刑訴199以下）と比較的長期間の勾留（刑訴204～206，207）が規定されており，逮捕を経なければ勾留に進むことはできない。

逮捕には，裁判官があらかじめ発する逮捕状による通常逮捕（刑訴199），急速を要し逮捕状発付を求める暇がないときに一定の要件で行うことができる緊急逮捕（刑訴210），現に罪を行っている者及び現に罪を行い終わった者に対する現行犯逮捕（刑訴212Ⅰ）がある。図2−2のとおり，警察官（司法警察職員）による逮捕の場合には48時間以内に事件を検察官に送致し，逮捕から72時間以内（送致から24時間以内）に勾留請求又は公訴提起を行うか，あるいは釈放し，検察官，検察事務官による逮捕の場合には，48時間以内に勾留請求又は公訴提起を行うか，あるいは釈放しなければならない。

(1)　司法警察職員による逮捕の場合（引用条文はすべて刑事訴訟法）

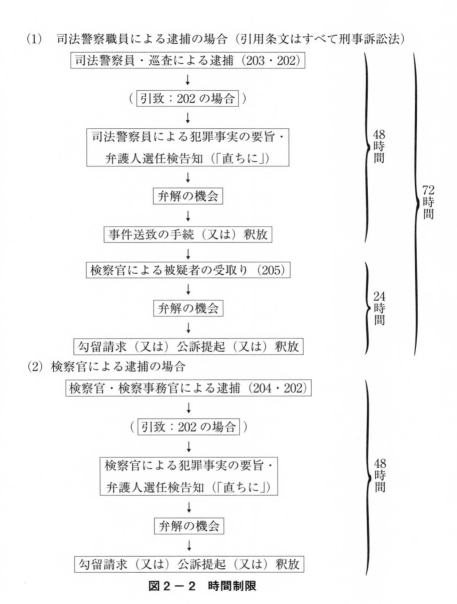

図 2 － 2　時間制限

　勾留は，逮捕に引き続いて行う被疑者・被告人の身柄を拘束する裁判及びその執行であり（刑訴207 Ⅰ，60以下），検察官が勾留の請求をした日から原則として10日以内に公訴提起又は釈放しなければならない（刑訴208 Ⅰ）。ただし，裁判官は止むを得ない事由があると認めるときは，10日を超えない期間，勾留期間を延長することができる（刑訴208 Ⅱ）。

> 　Aが住所を警察に教えようとしなかったため，警察はAが逃亡するおそれがあるとして逮捕した。翌日，警察はAを被疑者とする傷害被疑事件を検察官に送致した。同日，検察官が裁判官に勾留請求を行い，これが認められたため，Aは10日間勾留された。

④証拠収集

　捜査機関は，捜査をするについて必要があるときは，被疑者の出頭を求め，その取り調べをすることができる。また，被疑者以外の者の出頭を求め，これを取り調べることもできる。

　被疑者，参考人から供述を得る以外の証拠収集方法として，押収，捜索，検証，鑑定，公務所や公私の団体に対する照会等があり，捜査機関はこれらの手続によって捜査を進める。

> 　警察は，Bが受診している病院に照会を行い，Bのけがについて取り調べるためにカルテや診断書等を収集した。また，AとBそれぞれに取り調べを行い，さらに現場で実況見分を行った。警察はAの自宅を捜索して，Aの日記を押収した。日記には，借金を返済しないBにAが腹を立てている様子が綴られていた。

⑤公訴提起（起訴）

　裁判所に対し特定の刑事事件について審理及び判決を求める公訴提起（起訴）は，検察官だけが行うことができる（刑訴247）[4]。

公訴提起は，起訴状に被告人の氏名その他被告人を特定するに足りる事項（人定事項），公訴事実（罪となるべき事実），罪名を記載して行う。また，起訴状には，裁判官に事件について予断を生ぜしめるおそれのある書類等を添付し，又はその内容を引用してはならない（刑訴 256 Ⅵ）。起訴されると，今まで被疑者と呼ばれていた者は「被告人」と呼ばれる。

> 　検察官は，A を傷害の罪で起訴した。起訴状には公訴事実として次のように書かれていた。「被告人は，平成〇〇年〇〇月〇日午後 4 時 30 分頃，〇〇市〇区〇町〇〇先路上において，B（昭和〇年〇月〇日生）に馬乗りになり，その右肩部を右手で数回殴る暴行を加え，よって同人に全治 4 ヶ月の加療を要する右鎖骨骨折，右肩挫傷等の傷害を負わせたものである。」

（3）刑事裁判

　公判期日の手続は図 2 − 3 のとおり，冒頭手続，証拠調手続，弁論手続，判決手続の順で進んでいく。被告人が事実を争わないケースでは，冒頭手続から弁論手続までが一つの期日で行われ，判決が別の期日に行われることが多い。裁判は公開法廷で行われる（憲法 82 Ⅰ）。

①冒頭手続

　冒頭手続の初めに，裁判長が被告人に対し，人違いでないことを確かめるために被告人を証言席に立たせて，氏名，年齢，職業，住所，本籍を質問する。これを人定質問という。続いて検察官が起訴状に記載された公訴事実と罪名及び罰条を朗読し，これから行う審理の対象となるべき事実を明らかにする。その後，裁判長が被告人に対し，終始沈黙し又は個々の質問に対し陳述を拒むことができる旨のほか，陳述したい場合には陳述することもできる旨，陳述すればそれが自己に有利な証拠とも

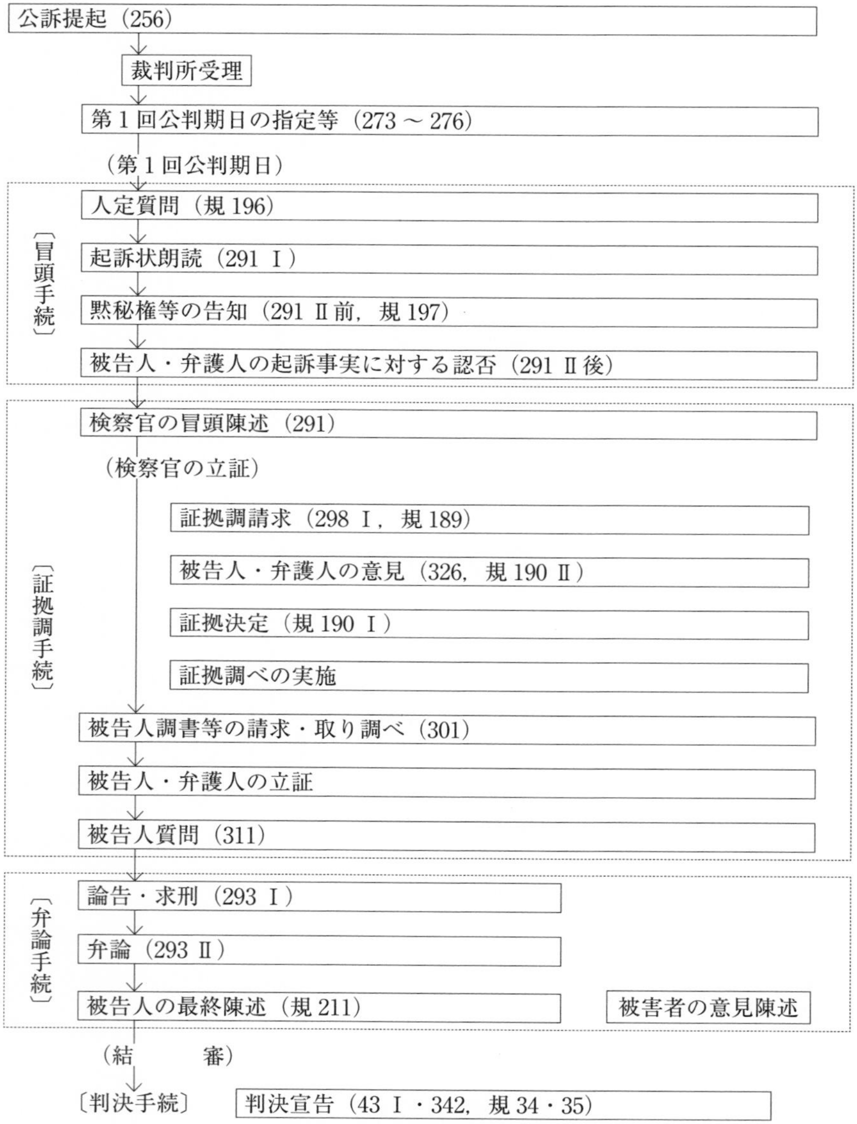

公訴提起（256）

↓

裁判所受理

↓

第1回公判期日の指定等（273〜276）

（第1回公判期日）

〔冒頭手続〕

人定質問（規196）

起訴状朗読（291Ⅰ）

黙秘権等の告知（291Ⅱ前，規197）

被告人・弁護人の起訴事実に対する認否（291Ⅱ後）

〔証拠調手続〕

検察官の冒頭陳述（291）

（検察官の立証）

証拠調請求（298Ⅰ，規189）

被告人・弁護人の意見（326，規190Ⅱ）

証拠決定（規190Ⅰ）

証拠調べの実施

被告人調書等の請求・取り調べ（301）

被告人・弁護人の立証

被告人質問（311）

〔弁論手続〕

論告・求刑（293Ⅰ）

弁論（293Ⅱ）

被告人の最終陳述（規211）　　　被害者の意見陳述

（結　審）

〔判決手続〕　判決宣告（43Ⅰ・342，規34・35）

図2−3　公判手続の流れ

※引用条文のうち，無印のものは刑事訴訟法，「規」は刑事訴訟規則

不利な証拠ともなる旨を告げる（黙秘権等の告知）。

　その後，裁判所は被告人・弁護人に陳述の機会を与え，被告人・弁護人は起訴状に記載された内容の存在や犯罪の成立，訴訟の成立に係る要件の有無等について認否・主張を行い，公判における争点を明確にする。

> 　A は人定質問に答え，起訴状の朗読と黙秘権の告知後に裁判所に意見を求められると，「私は B を殴っていません」と答えた。また，弁護人も「私も被告人と同意見です」と答えた。

②証拠調手続

　証拠調べの初めに，まず検察官が冒頭陳述を行う。これは，これから検察官が証拠に基づいて立証しようとしている事実の概要の陳述である。検察官は，起訴状に書かれた公訴事実だけでなく，量刑を決めるための，犯行に至る経緯や動機，犯行後の状況，被告人の人となりや前科の有無等の事情を述べて，全体のストーリーを示す。弁護人も冒頭陳述を行うこともあるが，弁護人から請求する証拠が多くなければ，冒頭陳述を行わないこともある。なお，公判前整理手続（刑訴316の2以下）[5]を経た事件の場合は，弁護人も争点を明らかにするために冒頭陳述をしなければならない。

　冒頭陳述の後に証拠調請求がなされ，被告人又はその弁護人の証拠意見を聞いた上で裁判所により証拠決定が行われる。

　証拠調べでは，証拠書類や証拠物の取り調べ，証人尋問，鑑定人の尋問等が行われる。証拠書類の取り調べは朗読によって行い，証拠物の取り調べはその物を裁判官に展示することによって行う。証人とは自分の体験によって知り得た過去の事実を供述する者をいい，まずはその証人尋問を請求した当事者によって主尋問がなされ，その後，その相手方による反対尋問が行われる。鑑定人とは特別の知識・経験を有する者であ

り，鑑定人が専門的な知識・経験に基づく判断を報告するのが鑑定人尋問である。鑑定は，被告人が責任能力を争っている場合等に，被告人が心神喪失の状態にあったかどうか等について行われることが多い。

> Aの事件では，証拠書類としてBの診断書や実況見分調書，証拠物として破れた洋服等が証拠申請され，また，証人として目撃者と被害者であるBが証人申請された。

被告人は終始沈黙し，または個々の質問に対し供述を拒むことができる。しかし，被告人が任意に供述をする場合には，裁判長はいつでも必要とする事項について被告人の供述を求めることができ，被告人が任意にした供述は証拠となる。

裁判官は，証拠によって事実を認定し有罪無罪等の判断を行うが，立証の責任は検察官が負う。すなわち，証拠調べを尽くしたのに裁判所が犯罪を成立させる各事実について確信を抱くことができなかった場合，刑事訴訟では被告人は無罪の推定を受けているため，被告人は無罪となる。被告人に立証責任を負担させていない理由は，被告人が無罪立証に成功しなかった場合に被告人が処罰されることになり，無実の被告人を処罰の対象としてしまうおそれがあるからである。

> 証拠書類・証拠物の取り調べと，目撃者の証人尋問が第一回期日に行われ，2週間後の第二回期日に，被害者であるBの証人尋問と被告人質問が行われた。

③弁論手続

証拠調べが終わると，検察官は事実及び法律の適用について意見を陳述しなければならない。これを論告という。検察官は，有罪を主張するとき，量刑についても意見を述べるのが通例であり，この意見を求刑と

呼ぶ。

　また，弁護人及び被告人も意見を陳述することができる。これを最終
弁論と呼ぶ。

　　被告人質問に引き続いて行われた論告では，検察官が，被告人の
供述が二転三転していて信用性がないこと，目撃者と B の供述が合
致すること等から，被告人は有罪だとの意見を述べ，懲役 5 年の求
刑を行った。引き続いて弁護人は，目撃者は，見ていた場所が遠く
て現場が薄暗かったことから，現場の状況はわからなかったはずだ
との意見を述べ，被告人は無罪であるとの弁論を行った。

---

④判決

　判決は公判廷において宣告し，これを告知する。また裁判長は，判決
の宣告をした後被告人に対して，その将来について適当な訓戒をするこ
とができる（写真 2 - 1）。

写真 2 - 1　（写真提供　共同通信社／ユニフォトプレス）

3. 刑事裁判への被害者の関わり

（1）被害者参加制度の創設

　前述のとおり，刑事事件における当事者は検察官と被告人であり，被害者は原則として当事者的立場を有していない。しかしながら，被害者が犯罪により，最も法益を傷つけられており，被告人の裁判の帰趨に大きな関わりを持つことは間違いがない。そこで，平成 19 年 6 月に犯罪被害者による刑事裁判への参加制度を創設する立法（以下「犯罪被害者保護法」という）⁽⁶⁾ が成立し，平成 20 年 12 月から施行された。

（2）犯罪被害者の刑事訴訟参加

　被害者参加制度とは，被害者等が一定の要件のもと，公判期日に出席し証人尋問や被告人質問を行うこと等により，刑事裁判に直接参加することができる制度である。

　被害者参加制度は，すべての犯罪が対象とされているわけではない。対象となる犯罪は故意の犯罪行為により人を死傷させた罪，強制わいせつ，強制性交等の罪，準強制わいせつ，準強制性交等の罪，業務上過失致死傷の罪，逮捕及び監禁の罪，略取誘拐，人身売買等の罪，過失運転致死傷等の罪，以上の未遂罪等である。

　対象事件の被害者・その法定代理人・委託を受けた弁護士は，あらかじめ検察官に対し被告事件の手続への参加を申し出る。もちろん，被害者参加は義務ではなく，希望する場合のみ申し出をすればよい。

　具体的には，以下の参加が可能となる。

① 検察官に対する意見陳述等（刑訴 316 の 35）

　被害者参加人又はその委託を受けた弁護士は，当該被告事件についての検察官の権限行使（証人尋問を行うかどうか，どのような求刑を行う

か等）に関し，意見を述べることができる。

②　公判期日への出席（刑訴 316 の 34）

③　情状事項に関する証人尋問（刑訴 316 の 36）

④　被告人に対する質問（刑訴 316 の 37）

⑤　事実又は法律の適用についての意見陳述（刑訴 316 の 38）

　なお，被害者参加人に資力がなく，弁護士を依頼することができない場合には，国選被害者参加弁護士を選任することができる（犯罪被害者保護法 11）。

　B は傷害罪の被害者なので，故意の犯罪行為により人を死傷させた罪の被害者にあたり，被害者参加制度の対象となる。B はこの事件によって仕事に行かれなくなり夜も眠れなくなってしまったので，被害者参加することで区切りをつけようと考え，被害者参加の申し出を行った。また，弁護士に依頼したいが資力がなかったので，国選被害者参加弁護士が選任された。

　B は検察官に対して，被害者である自分の証人尋問を行うよう意見を述べた。しかし，直接 A と対峙するのは怖いと考え，A との間に衝立を立てて証人尋問を行った（後述）。公判期日に出席すると A に顔を見られてしまうため，証人尋問以外の公判期日には出席せず，事実の適用についてあらかじめ検察官に書面を送付し，これを読み上げてもらうことで意見陳述を行った。

（3）損害賠償命令制度

　犯罪被害者参加制度とともに創設された，被害者保護のための制度として，損害賠償命令制度がある。これは，一定の対象犯罪の被害者等から被告人に対する損害賠償請求の申し立てがあった場合に，被告事件の

係属する裁判所が刑事事件について有罪を言い渡した後，当該賠償請求についても審理し，決定をする制度である（犯罪被害者保護法23）。

> Bは損害賠償命令の申し立てを行い，判決に引き続いて3回の審理を経て，Aに対して120万円を支払えとの損害賠償命令が出された。

（4）被害者参加制度以外の被害者支援（公判段階）

被害者参加制度は参加ができる罪名が限られているため，同制度により被害者参加ができない被害者についても支援を行う必要がある。被害者参加制度以外にも被害者のために以下のような制度があり，被害者の希望にしたがって利用することができる。

①法廷傍聴

裁判所は，被害者又は委託を受けた弁護士等（被害者等）から申し出があるときは，被害者が法廷を傍聴できるように配慮しなければならない（犯罪被害者保護法2）。

②起訴状朗読・冒頭陳述についての申し出

事案によっては被害者の氏名等が公判で朗読され，被害者のプライバシーが侵害され，被害者が新たな精神的苦痛を受ける可能性がある。そこで，被害者特定事項を秘匿するよう（刑訴290の2 I II），あるいは犯行の具体的態様について朗読を省略するよう申し出を行うことができる場合がある（刑訴290の2 III）。

③証人尋問

被害者が公判で証人として証言する際に，被告人や傍聴人の前で話さなければならず，強い精神的な圧迫を受けるおそれがあることから，要件を充足すれば，被害者証人に付き添い（刑訴157の4）をつけ，あるいは被害者証人と被告人又は傍聴人との間に衝立を立てて遮蔽し

（刑訴 157 の 5），また，法廷外の別室でテレビモニターを通じたりして証人尋問を実施する（刑訴 157 の 6），被告人を退席・退廷させる（刑訴 281 の 2，304 の 2），傍聴人を退廷させる（刑訴規則 202），裁判外の尋問や期日外の尋問を行う（刑訴法 158，281），憲法 82 条 2 項により公判を停止し，裁判を公開しないといった手続をとれる場合がある。また，近年，虐待を受けた子どもが公判廷において被害を証言するにあたり，公判に付添犬の同伴が許された事件もある。

④公判記録の閲覧・謄写

　第一回公判期日後から判決確定までの間，当該事件の被害者等から申し立てがあれば公判記録の閲覧・謄写が可能である（犯罪被害者保護法 3）。

⑤意見陳述

　被害者等は被害感情や事件に対する思い等を陳述することができ，陳述した意見は，量刑を判断するための資料となる。なお，被害者参加人による意見陳述は事実又は法律の適用について踏み込んで主張を行うが，ここでの意見陳述では，被害者としての思いを述べるに留まる（刑訴 292 の 2）。

⑥刑事和解

　被告人と被害者との間において，事件に関連する民事上の争いについて裁判外で和解が成立した場合は，刑事事件の係属する裁判所に対し，共同して当該合意の公判調書への記載を求める申し立てをすることができる。公判調書への記載により，被害者等は別途民事訴訟を提起することなく公判調書により強制執行を行うことができる。（犯罪被害者保護法 19）

（5）被害者参加以外の被害者支援（判決後）

①裁判結果の問い合わせ

　　事前に担当検察官や被害者支援員に通知の希望を伝えた被害者等に対し，主文，裁判年月日，裁判の確定及び上訴の有無等が通知される。

②　事件記録の閲覧

③　被告人の服役先と出所情報

　　被害者等通知制度により，服役先，満期出所の予定時期，出所した事実及びその年月日の通知がなされる。また，被害者等が希望する場合，犯罪の動機・態様及び組織的背景，加害者と被害者等との関係，加害者の言動その他の状況に照らし，相当と認められる場合，検察官から加害者の釈放前に釈放予定に関する情報が通知される。

》注

（1）　民法（明治29年法律第89号）第709条　故意又は過失によって他人の権利又は法律上保護される利益を侵害した者は，これによって生じた損害を賠償する責任を負う。

（2）　刑法（明治40年4月24日法律第45号）第204条　人の身体を傷害した者は，15年以下の懲役又は50万円以下の罰金に処する。

（3）昭和23年法律131号。

（4）但し，例外として，検察審査会による強制起訴議決（検察審査会法41の6）と，一部の罪についての付審判手続（刑訴262以下）が挙げられる。

（5）充実した公判の審理を行うため，必要があると認められるときは，第一回公判期日前に，公判前整理手続を行う。これは，最初の公判期日の前に，裁判所，検察官，弁護人が争点を明確にした上，これを判断するための証拠を厳選し，審理計画を立てることを目的とする手続である。これによって，以前は長期化することもあった，公判での審理を迅速かつ，計画的に進めることが可能となった（なお，裁判員裁判対象事件では，必ず公判前整理手続を行う）。

（6）犯罪被害者等の権利利益の保護を図るための刑事手続に付随する措置に関する法律（平成12年5月19日法律第75号）。

3 | 裁判員裁判と少年事件

藤田　香織

《目標＆ポイント》　前章で勉強した刑事手続を踏まえ，刑事手続の特例として規定されている裁判員裁判及び少年事件手続について学習する。
《キーワード》　裁判員裁判，裁判員，少年，少年事件，家庭裁判所，少年院

1.　裁判員裁判

（1）裁判員制度とは

　既に学習してきたが，従前の裁判は，検察官や弁護士，裁判官という法律の専門家により丁寧で慎重な検討がなされてきた。一方で，専門的な正確さを重視するあまり審理や判決が理解しにくく，審理に時間がかかる事件があった。そこで，国民の司法参加の制度として，裁判官と国民から選ばれた裁判員とがそれぞれの知識経験を生かしつつ一緒に判断することにより，より国民の理解しやすい裁判を実現することができるとの考えのもとに，平成 21 年 5 月，裁判員制度がスタートした。

　具体的には，刑事手続のうち地方裁判所で行われる刑事裁判の一部において，被告人が有罪かどうか，有罪の場合どのような刑を科すべきかを裁判官と一緒に審理する。通常の手続では，裁判官 3 名で合議体を構成するが，裁判員裁判では原則として裁判員 6 名と裁判官 3 名（公訴事実に争いがなく，検察官，被告人及び弁護人に異議がない場合は，裁判官 1 名と裁判員 4 名）が一緒に刑事裁判の審理に出席し，（裁判員の参加する刑事裁判に関する法律《以下「裁判員法」という》2 Ⅱ[(1)]）証拠調手続や弁論手続に立ち会った上で評議を行い，判決を宣告する（写真3 - 1）。

写真3－1裁判員裁判の法廷（写真提供　共同通信社／ユニフォトプレス）

（2）裁判員裁判対象事件

　裁判員裁判の対象となる事件は，①死刑又は無期懲役・禁固が法定刑で定められている罪に係る事件，②短期一年以上の懲役・禁固が法定刑で定められている罪に係る事件のうち，故意に被害者を死亡させた罪に係る事件である（裁判員法2Ⅰ）。

　裁判員裁判の対象となる主な罪名は，強盗致傷，強盗致死（強盗殺人），殺人，現住建造物等放火，強制性交等致死傷，強制わいせつ致死傷，傷害致死，危険運転致死等である。裁判員法は，国民の関心の高い重大事件に限定して裁判員裁判を導入したのである。

　令和2年12月末までに行われた裁判員裁判における判決人員の内訳を罪名別で見ると，殺人が最も多く，次いで強盗致傷，現住建造物等放火の順になる（図3－1）。

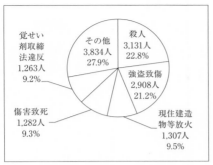

出典：最高裁判所「裁判員裁判の実施状況について，罪名別終局人員（制度施行～令和2年12月末・速報）」

図 3 － 1　罪名別判決人員（平成 21 年～令和 2 年末までの累計）

（3）裁判員に選任されるまで
①裁判員候補者名簿の作成，候補者への通知・調査票の送付（11 月頃）

　各地の地方裁判所は，20 歳以上で選挙権のある者の中から翌年の裁判員候補者となる者を毎年くじで選び，裁判所ごとに裁判員候補者名簿を作成し，その名簿に登載された国民に 11 月頃までに郵便で通知する。また，この通知とともに裁判所が調査票を送付する。

　調査票において欠格事由（義務教育を終了しない者，禁固以上の刑に処せられた者等），就職禁止事由（一定の公務員，法曹等法律関係者，警察官等）や 1 年を通じた辞退事由（70 歳以上，学生，重要な用務があること，直近の裁判員従事等），特に参加が困難な特定月の調査が行われる。質問票の回答によって明らかに欠格事由，就職禁止事由，不適格事由に該当する場合並びに辞退事由が認められる者については，呼び出しが取り消される場合もある。なお，質問票に虚偽の記載をして裁判所に提出し，又は裁判員等選任手続における質問に対して虚偽の陳述をしたときは，50 万円以下の罰金に処せられる（裁判員法 110）。

②裁判員候補者の選定，（裁判の6〜8週間前）

　裁判員制度の対象となる事件ごとに裁判員候補者名簿の中から裁判員候補者を選任し，裁判員等選任手続への呼び出しを行う。また，裁判所は同時に質問票を送付し，審理に参加することについての支障の有無などを確認する。なお，呼び出しを受けた裁判員候補者が裁判員等選任手続に正当な理由がなく出頭しないとき，裁判員又は補充裁判員が正当な理由なく後述する宣誓を拒んだとき，裁判員又は補充裁判員が正当な理由なく出頭すべき公判期日等に出頭しないときは，10万円以下の過料に処せられる（裁判員法112）。

③選任手続

　裁判員等選任手続の期日には，裁判官，裁判所書記官，検察官，弁護人が出席し，呼び出した裁判員候補者に対して質問を行い，裁判員等としての資格を有しているか否かを判断する（裁判員法32，34）。質問を行った上で，裁判員候補者に欠格事由（裁判員法14），就職禁止事由（裁判員法15），不適格事由（裁判員法17，18）がある場合には，不選任の決定を行って裁判員候補者から除外する。

　裁判員候補者が年齢や事業，疾病等の理由により裁判員となることを辞退する申し立てを行い，裁判所が辞退事由（裁判員法16）にあたると認めたときも不選任の決定を行う。また，検察官及び被告人はそれぞれ4名までの裁判員候補者を，理由を示さずに不選任とすることができる（裁判員法36）。

　以上の手続を経て残った裁判員候補者から，くじ等により必要な人数の裁判員及び補充裁判員が選任される。選任された裁判員及び補充裁判員は，権限及び義務の説明を受けた上で，法令に従い公平誠実に職務を行うことを宣誓しなければならない（裁判員法39）。

　なお，令和2年12月末までに裁判員に選任されたのは15,853人であり，年齢も性別もほぼ各年代からまんべんなく選任されている（図3−2）。

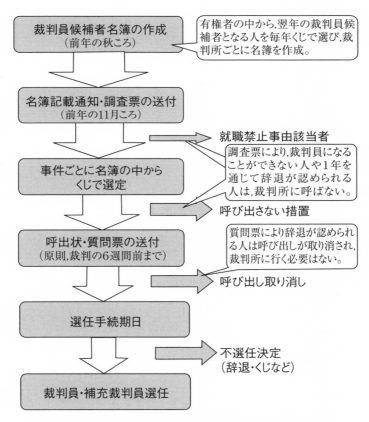

裁判員候補者名簿の作成
（前年の秋ころ）

有権者の中から,翌年の裁判員候
補者となる人を毎年くじで選び,裁
判所ごとに名簿を作成。

名簿記載通知・調査票の送付
（前年の11月ころ）

就職禁止事由該当者

調査票により,裁判員になる
ことができない人や1年を
通じて辞退が認められる
人は,裁判所に呼ばない。

事件ごとに名簿の中から
くじで選定

呼び出さない措置

呼出状・質問票の送付
（原則,裁判の6週間前まで）

質問票により辞退が認められ
る人は呼び出しが取り消され,
裁判所に行く必要はない。

呼び出し取り消し

選任手続期日

不選任決定
（辞退・くじなど）

裁判員・補充裁判員選任

図 3 - 2　裁判員等の選任手続の流れ

（4）裁判員の職務

　裁判員に選任された場合，裁判員は①法廷での審理に立ち会う，②評議，評決を行う，③判決宣告に立ち会う，といった職務を負う。

①法廷での審理への立ち会い

　裁判員は公判に立ち会い，証拠調べに参加する。裁判員から証人，被告人等に質問することもできる。また，証拠として提出された物や書証の取り調べも裁判官とともに行う。このため裁判員裁判では，検察官，弁護人双方が裁判員に分かりやすい証拠を作成し，裁判員に分かりやすく説明する工夫を凝らしている。

②評議，評決を行う

　検察官からの論告求刑及び，弁護人・被告人からの最終弁論終了後，裁判員と裁判官は，被告人が有罪か無罪か，有罪だとしたらどのような刑を科すべきか（量刑）を議論し（評議），決定（評決）する。評議を尽くしても全員の意見が一致しなかったときは，多数決により評決がなされるが，被告人が有罪か無罪か，有罪の場合にどのような刑を科すかについての裁判員の意見は，裁判官と同じ重みを持つ。ただし，裁判員の意見のみでは被告人に不利な判断（被告人が有罪か無罪かの評決の場面では有罪の判断）をすることはできず，裁判官1人以上が多数意見に賛成していることが必要となる。

③判決宣告に立ち会う

　評決内容が決まると，法廷で裁判長が判決を宣告し，裁判員もこれに立ち会う。

（5）通常の裁判と裁判員裁判の違い

①公判前整理手続

　裁判員裁判対象事件では，必ず公判前整理手続が行われる（裁判員法

49)。公判前整理手続では，検察官と弁護人の双方の争点を整理・把握し，第 1 回公判期日以降の具体的なスケジュールを決める。特に，裁判員裁判の公判前整理手続においては，争点や証拠調べを裁判員に分かりやすくするよう，さまざまな工夫がなされている。

②集中審理

　通常の刑事裁判では，第 1 回期日から第 2 回期日までが 2 ～ 4 週間程度空くことが多く，複数回の開廷が必要とされる否認事件等では，公訴提起から判決まで時間がかかる。しかし，裁判員裁判では日常生活の一部を割いて職務を行う裁判員の負担を少しでも軽くするよう，連日開廷をし，集中審理を行う。

③裁判員に分かりやすい冒頭陳述，証拠調べ，論告・弁論

　通常の刑事裁判は，裁判官，検察官，弁護士といった法律の専門家だけで，専門用語や抽象的な概念を使用して主張や証拠調べを行っていたが，裁判員裁判では，裁判員に分かりやすく説明を行う要請がある。そこで，検察官，弁護人からの主張（冒頭陳述，論告・弁論）はなるべく平易な用語を使用し，法律の専門家ではない人に対しても分かりやすくまとめて話すことが求められ，証拠調べにおいても，分かりやすく，事案の本質を浮き彫りにする的確な証拠だけを証拠として使用することが求められる。

④評議，判決

　前述のとおり，裁判員は裁判官とともに有罪・無罪，量刑等について評議し，評決する。裁判員と裁判官の 1 票は，票決において同じ重みを持つ。

（6）裁判員になった際の負担

①時間的負担

　裁判員対象事件は比較的重大事件が多いため，集中審理を行ったとしても第1回公判期日から判決までの審理日数の平均は自白事件で5.8日，否認事件で11.5日である（制度施行〜令和2年12月末までのデータ）。裁判員はこの間毎日法廷に出廷し，法廷での審理の立ち会い，評議，評決，判決言い渡しの立ち会いを行わなければならない（図3－3）。

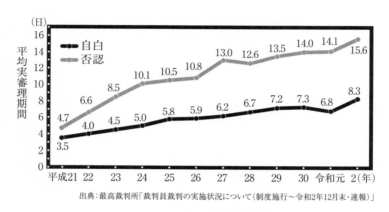

出典：最高裁判所「裁判員裁判の実施状況について（制度施行〜令和2年12月末・速報）」

図3－3　平均実審理期間

②守秘義務

　裁判員には，評議の秘密及び評議以外の裁判員としての職務を行うに際して知った秘密について守秘義務が課せられる（裁判員法9Ⅱ）。評議の秘密には，評議がどのような過程を経て結論に至ったのか，評議において裁判官や裁判員が表明した意見の内容，評決の際の多数決の数等が含まれている。また，評議以外の裁判員としての職務を行うに際して知った秘密としては，事件関係者のプライバシーに係る事項や裁判員の名前等が挙げられる。なお，公開の法廷で行われた審理に関することや

裁判員裁判に参加した感想等を話すことは差し支えない。

③裁判員の保護

　裁判員に対して，被告人あるいは被害者や関係者から判決について威迫を加えられたり，判決の結果によっては報復を加えられたりするおそれが存在する。そこで裁判員法101条1項は，裁判員等の氏名，住所その他の個人を特定するに足りる情報の公開を禁止している。さらに，検察官・弁護人・被告人等，裁判員の情報を取得する可能性が高い者が，裁判員候補者の氏名，質問票に記載した内容，選任手続における陳述の内容を漏洩させた場合には，1年以下の懲役又は50万円以下の罰金に処せられる（裁判員法109）。

　また，被告事件に関して裁判員に接触することも禁止され（裁判員法102），被告事件について裁判員やその親族等に対して請託をした場合や威迫した場合には，2年以下の懲役又は20万円以下の罰金に処せられる（裁判員法106，107）。

　さらに，裁判員又はその親族等に対して危害が加えられる可能性が高いと認められる一定の場合については，裁判員裁判対象事件であっても裁判官だけの裁判に変更することができる（裁判員法3Ⅰ）。

2.　少年事件

　少年は成年と比べて一般的に未熟である。また，少年は今後成長する余地があり，教育によって更生し得るため（このことを「可塑性」という），犯罪を行った場合に成人と同じように扱うことは適切ではない。そこで，少年法は少年の健全な育成を期し，非行のある少年に対して性格の矯正及び環境の調整に関する保護処分を行うとともに，少年の刑事事件について特別の措置を講ずることを目的として，特別な手続を用意している。また，少年法61条は家庭裁判所の審判に付された少年又は少年のとき

犯した罪により公訴を提起された者について，当該事件の本人と推知することができるような記事又は写真の掲載（推知報道）を禁じている。

なお，本章において引用する条文は，令和４年４月１日から施行される改正少年法の条文を適用する。改正の経緯については本項（7）参照。

（1）少年審判の対象者

少年とは20歳未満の者をいう（少年法２Ⅰ[(2)]　なお，民法改正により，令和４年４月１日から成年年齢が18歳に引き下げられたが，18歳・19歳の者も引き続き「特定少年」として少年法上の少年審判の対象となる）。処分（審判）時に20歳未満の者は，少年法の手続によって処遇される。

また，刑法41条には「十四歳に満たない者の行為は，罰しない。」との規定があり，14歳未満の少年が行った犯罪法令に触れる行為は罰されない。しかし，犯罪法令に触れる行為を行った少年に対しても，今後犯罪を行わないよう保護処分を行う必要があるため，少年法はこのような少年を「触法少年」と呼び，犯罪少年とは別に保護処分を行えることとした。また，犯罪法令に触れる行為を行っていなくても，その性格又は環境に照らして，将来罪を犯し，犯罪法令に触れる行為をするおそれのある少年についてもまた，保護処分を行えることとした。少年法の対象となる少年は以下のとおり，犯罪少年，触法少年，虞犯少年に分かれる（少年法３Ⅰ）。

①**犯罪少年**　満14歳以上で罪を犯した少年。

②**触法少年**　満14歳未満で犯罪法令に触れる行為を行った少年。

③**虞犯少年**　保護者の正当な監督に服しない性癖がある，正当の理由がなく家庭に寄りつかない，犯罪性のある人若しくは不道徳な人と交流し，又はいかがわしい場所に出入りする，自己又は他人の特性を害する行為をする性癖がある等の事由があり，その性格又は環境に照らして，将来罪を犯し，又は刑罰法令に触れる行為をするおそれのある少年。

　本章では，上述した少年審判の対象者のうち主に犯罪少年についての説明を行う（図3－4）。

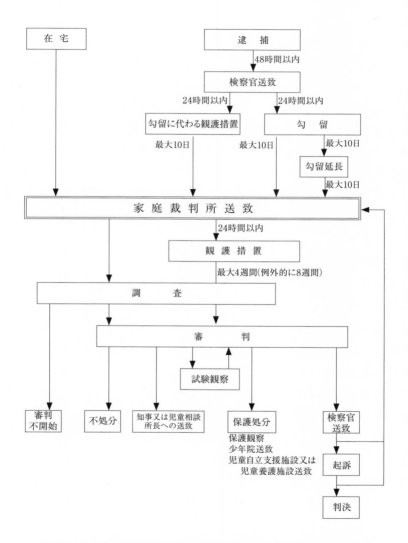

図3－4　少年事件手続の一般的な流れ（犯罪少年の場合）

（2）捜査段階と家庭裁判所への送致

　犯罪少年に対しては，少年の特性にしたがって若干の特則があるが，成人とおおむね同じ捜査が行われる。捜査機関は，一定の嫌疑がある限り原則としてすべての事件を家庭裁判所に送致しなければならない（少年法41，42）（全件送致主義）。

　14歳未満の少年の事件については，都道府県知事又は児童相談所長から，家庭裁判所に送致される（少年法6の7）

　家庭裁判所送致は通常の刑事事件における起訴にあたるが，少年事件では起訴状に相当する送致書とともに捜査機関が収集した一切の証拠も同時に家庭裁判所に送られ，審判を担当する裁判官もあらかじめこの記録を検討して審判に臨む。通常の刑事事件においては，裁判所は起訴状に記載された事実以外に予断を持たずに裁判に至るため，この点で大きな違いがある。

（3）家庭裁判所での調査

　家庭裁判所に事件が送致されると，必要性が認められた場合には観護措置決定（収容観護）がなされ，少年の身柄は少年鑑別所に送致される。少年鑑別所とは，家庭裁判所の行う少年に対する調査及び審判並びに保護処分の執行に資するために，医学，心理学，教育学，社会学その他の専門的知識に基づいて，少年の資質の鑑別を行う施設である。少年鑑別所に収容される期間は，通常は最長4週間だが，一定の事件で証拠調べが必要な場合は最長8週間まで延長することができる。

　また，裁判官は家庭裁判所調査官に対して社会調査を命じる。社会調査とは，非行事実に関する人格的・環境的な諸要因等を調査するもので，科学性，専門性，総合性等の視点が要請されるため，心理学・教育学・社会学その他の専門的知識を有する家庭裁判所調査官がこれを実施する。

少年には付添人として弁護士等がつく場合が多く，犯罪事実や保護処分についての意見を裁判所に対して述べる。また，少年が犯罪事実を争わないケースでは，少年の反省を促したり，被害者との示談を進めたり，少年が帰住する先の社会環境を整えたりといったサポートを行う。

調査の結果，少年を審判に付することができない，または相当でない場合には，審判不開始の決定がなされる（少年法 19 Ⅰ）。

（4）審判
①審判手続

審判は，懇切を旨として，和やかに行うとともに，非行のある少年に対し自己の非行について内省を促すものとしなければならない（少年法 22 Ⅰ）。また，刑事事件の公判は公開法廷で行われるが，少年審判は非公開で行われる（少年法 22 Ⅱ）。

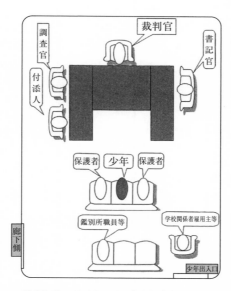

図 3 － 5　裁判廷における配席例（単独審判廷の場合）

審判には裁判官と少年のほか，少年の保護者，家庭裁判所調査官，付添人，裁判所書記官が出席する。また，例外的に検察官（少年法22の2Ⅰ）や被害者等（少年法22の4〜6）の出席が認められる場合がある（図3-5）。

②審判対象

少年審判においては，その少年が非行事実を行ったか否かだけでなく要保護性が審判の対象となる。要保護性とは，少年に再非行の可能性があること，少年が保護処分により矯正教育を施すことによって再非行の危険を防止することができること，保護処分を行うことが相当であることを指す。

（5）終局決定

家庭裁判所に係属した少年保護手続は終局決定によって終結する。終局決定は，以下のとおりである。

①不処分決定

審判の結果，非行事実の存在が認められなかった場合又は保護処分に付する必要がないと認めるときに行われる決定。少年を保護処分に付さない。（少年法23Ⅱ）

②保護観察

少年が社会内での生活を続けながら，保護観察所の指導・監督を受ける決定。（少年法24①）

③児童自立支援施設・児童養護施設送致

児童自立支援施設は，不良行為をなし又はなすおそれのある児童，及び家庭環境その他の環境上の理由により生活指導を要する児童を入所させる等により，個々の児童の状況に応じて必要な指導を行い，その自立を支援することを目的とする児童福祉法上の施設（児童福祉法44）で

ある。児童養護施設は，保護者のない児童，虐待されている児童，その他環境上養護を要する児童を入所させてこれを養護し，あわせてその自立を支援することを目的とする児童福祉法上の施設（児童福祉法 41）である。家庭環境に問題がある，特に，より若年の少年にはこれらの施設に送致する処分がなされることがある。（少年法 24 ②）

④少年院送致

少年院は，家庭裁判所から保護処分として送致された者及び少年法の規定により少年院において刑の執行を受ける者を収容し，これに矯正教育を授ける矯正施設である。社会不適応のために非行等の問題行動を起こし，社会内の処遇では改善が困難であると判断された少年について，少年院送致の処分がなされる。ただし，決定のときに 14 歳に満たない少年に係る事件については，特に必要と認める場合に限って少年院送致がなされる。（少年法 24 ③）

（6）その他の処分

①中間処分としての試験観察

試験観察とは，少年に対する最終的な処分を留保して，相当の期間少年の生活態度や行動等を調査官の観察に付する中間処分を指す（少年法 25）。少年を自宅や自立援助ホーム，シェルター等に居住させた上で定期的に調査官が面会し，少年の行動や環境調整の経過を観察する在宅試験観察と，試験観察決定に合わせて適当な施設や団体，個人に補導を委託する措置をとり，調査官がその後の経過を観察する補導委託がある。

試験観察先の確保や試験観察中の環境調整，少年のモチベーションの維持にあたっては付添人の働きかけが大きな影響を持つ。

②検察官送致（逆送）

審判時に 20 歳以上の場合（少年法 19 Ⅱ）に加え，裁判所は以下の場

合に検察官送致決定を行い，成人と同じ刑事裁判の手続で判断がなされる。

あ）審判時に 18 歳未満の少年

　　ⅰ）死刑，懲役又は禁錮に当たる罪の事件について，調査の結果，その罪質及び情状に照らして刑事処分を相当と認めるとき（少年法 20 Ⅰ）。

　　　　刑事処分を相当と認めるときとは，もはや保護処分では少年の矯正の見込みがないと判断される場合のほか，事案の内容や社会へ与える影響等から，保護処分で対処するのが不相当な場合も含む。

　　ⅱ）故意の犯罪行為により被害者を死亡させた罪の事件であって，その罪を犯したときに少年が 16 歳以上だったとき。ただし調査の結果，犯行の動機及び態様，犯行後の情況，少年の性格，年齢，行状及び環境その他の事情を考慮し，刑事処分以外の措置を相当と認めるときはこの限りではない（少年法 20 Ⅱ）。

い）審判時に 18 歳以上の「特定少年」である場合

　　ⅰ）調査の結果，その罪質及び情状に照らして刑事処分を相当と認めるとき（少年法 62 Ⅰ）

　　ⅱ）①故意の犯罪行為により被害者を死亡させた罪の事件であって，その罪を犯したときに少年が 16 歳以上だったとき，②死刑又は無期若しくは短期 1 年以上の懲役若しくは禁錮に当たる罪の事件であって，その罪を犯すとき 18 歳以上の「特定少年」である場合。ただし調査の結果，犯行の動機及び態様，犯行後の情況，特定少年の性格，年齢，行状及び現況，その他の事情を考慮し，刑事処分以外の措置を相当と認めるときはこの限りではない（少年法 62 Ⅱ）

　なお，少年事件について逆送決定がなされた場合に，裁判員裁判の要件を満たした場合には，裁判員裁判で審理が行われる。

（7）成年年齢の引き下げに伴う少年法改正について

　平成 30 年民法改正により令和 4 年 4 月 1 日から成年年齢が 18 歳以上に引き下げられる。このことに伴って，少年法の適用年齢についても，20 歳未満から引き下げるべきかとの議論がなされてきた。

　その結果，令和 3 年に少年法が改正され[3]，18 歳以上の少年についても従前どおり少年法の対象とすることとなった。ただし，18 歳以上の少年については「特定少年」として特別の扱いがなされる。例えば，原則として検察官送致となる事件が殺人や傷害致死等の「故意の犯罪行為により被害者を死亡させた罪」であったところ，特定少年については，強盗や強制性交罪等までが含まれる「死刑または無期または短期 1 年以上の懲役若しくは禁固に当たる罪」に対象が広がる（少年法 62）。また，実名や写真など当該事件の本人と推知することができるような記事又は写真の掲載（推知報道）の禁止（少年法 61）についても，「特定少年」である者が，検察官送致され，起訴された場合には適用されない（少年法 68）。

　ただし，特定少年についての上記規定の適用については，同改正の付帯決議において，新たに原則逆送の対象となる罪の事件，とりわけ強盗罪については犯情の軽重を十分に考慮する運用が行われるよう法の趣旨を周知すること，特定少年の時に犯した罪についての事件広報に当たっては，インターネットでの掲載により当該情報が半永久的に閲覧可能となることも踏まえ，特定少年の健全育成及び構成の妨げとならないよう十分配慮されるよう周知すること等，配慮事項が定められた[4]。

》注
（1）平成 16 年 5 月 28 日法律第 63 号
（2）本稿（7）参照
（3）少年法等の一部を改正する法律（令和 3 年 5 月 28 日法律第 41 号，令和 4 年 4 月 1 日施行）
（4）https://www.shugiin.go.jp/internet/itdb_rchome.nsf/html/rchome/Futai/houmu57F6144181482A8F492586BF0032127B.htm

4 | 子どもと法律

川島　志保

《目標＆ポイント》　本章では，子どもが法律上どのように扱われているか考えてみたい。未成年者は行為能力が制限され，一人では法律行為をすることができない。また，親権に服するとされているが，親権とはいったい何だろう。
　戦後改正された家族に関する民法の規定（第4編親族編及び第5編相続編）には民法が制定された明治時代の家族の名残が残されていた。時代の変化に伴い，少しずつ改正されてきた。少子高齢化が進む中で，子ども，親子関係等に関する意識も変化している。子どもをめぐる法律はどのように変わっていくのか，考えてみたい。
《キーワード》　未成年者，権利能力，行為能力，法定代理人，クーリングオフ，親権，親権喪失，親権停止，養子縁組，特別養子縁組，嫡出，嫡出否認，認知，生殖補助医療，児童権利条約

1.　子どもとは

（1）子どもと行為能力
①権利能力

　人はみな，出生と同時に権利能力，つまり権利・義務の主体となることができる資格を取得する。

　　＊　民法第3条1項　私権の享有は，出生に始まる。

　　　　生まれたばかりの赤ん坊であっても，祖父母から贈られたお祝い金を受け取り，自分の所有とすることができるという意味である。

　　　　出生前であっても，相続と損害賠償請求については，胎児にも

権利能力が認められる。

　＊　民法第886条1項　胎児は，相続については，既に生まれたも
のとみなす。

　　　2項　前項の規定は，胎児が死体で生まれたときは，適用しない。

　＊　民法第721条1項　胎児は，損害賠償の請求権については，既
に生まれたものとみなす。

②行為能力

　行為能力とは，法律行為を単独で確定的に有効に行うことのできる
法律上の地位あるいは資格のことである。

　生まれたばかりの赤ん坊は祖父母からもらった祝い金を持っていて
も，そのお金を使って物を買ったり，銀行に預金したりすることはで
きない。

　ゲームに夢中になった小学生が，ゲームに使うためのお金ほしさに
赤ん坊のとき祖父母から贈与された教育資金の入った銀行預金通帳か
らお金を引き出そうとしても，小学生には預金を引き出せば預金がな
くなってしまい，大学進学のための費用がなくなってしまうことまで
十分に理解していない。

　自分の行為の結果について理解できない場合，行為能力が制限され，
それを補う仕組みを法律は用意している。

　＊　民法第5条（未成年者の法律行為）1項　未成年者が法律行為
をするには，その法定代理人の同意を得なければならない。ただ
し，単に権利を得，又は義務を免れる法律行為については，この
限りでない。

　　　2項　前項の規定に反する法律行為は，取り消すことができる。

　　＊　民法第4条　年齢18歳をもって，成年とする。
　　（令和4年4月1日以降）
　なお，法律改正前は満20才をもって成人とするとされていた。成人
年齢が引き下げられたことにより，満18才になれば，自ら契約を結ぶ
ことができることになった。若者が消費者被害を受けやすいことから，
消費者教育や相談窓口の充実が求められている。

　さて，ここで，卒業間近の高校生に登場してもらおう。青葉さんは
おおぞら高校3年生でまだ17歳，金沢さんは同じ高校の同級生でもう
18歳になっている。二人は，繁華街で「モデルにならないか」と声を
かけられ有頂天になった。

青葉：声をかけてくれた人に連れて行かれた事務所で写真を撮影してモ
　　デルの契約書のサインをすると，撮影費用10万円とレッスン料40万
　　円を支払うように言われました。銀行に連れて行かれ，キャッシュカー
　　ドで50万円を支払いました。しかし，レッスンの予約はなかなか取
　　れず，モデルの仕事もありません。そうこうするうちに親にばれてし
　　まい怒られました。
金沢：私には50万円なんてお金はありませんので断わって帰ろうとし
　　たのですが，どうしても帰してくれないので，怖くなってとうとう契
　　約書にサインをし，持っていたクレジットカード（家族カード）で支
　　払ってしまいました。家に帰ってから解約の電話をかけたのですが，
　　もう契約済みでお金も払ったのだから取り消せないと言われてしまい
　　ました。

　17歳の青葉さんのモデル契約は，法定代理人（親）の同意を得てい

ないので，青葉さんまたは親がこの契約を取り消すことができ，取り消した場合には，既に支払った50万円の返金を求めることができる。

　18歳の金沢さんは，未成年者ではないので自分で契約を締結することができる。路上で呼び止められ事務所に連れて行かれて契約をさせられるのはキャッチセールスの一種であり，特定商取引法により，契約書を受け取ってから8日間は，書面によって申込みの撤回や契約の解除をすることができる。不意打ち性の高い取引に対して消費者にもう一度冷静に考える期間を与えようというもので，クーリングオフという。

　また，消費者契約法は，消費者が事務所等から帰ることを求めても帰してもらえなかった場合（退去妨害），契約後1年間は契約を取り消すことができると定めている（同法第4条3項，7条）。

　消費者トラブルに巻き込まれないためには，契約を締結する前にその内容や費用等をよく確認し，その場で契約せずに家族や消費者センター等に相談し，被害を防ぐことが大切である。

（2）親権者
①未成年者の法定代理人

　未成年者の法定代理人とは，親権者または未成年後見人である。親権者の死亡等のため未成年者に対し親権を行う者がない場合に，家庭裁判所は，申立てにより，未成年後見人を選任することになっている。

　親「権」者という言葉の響きは，親の権利のように聞こえる。これは法律が次のように定めていることにもよる。

　　＊　民法第818条1項　成年に達しない子は，父母の親権に服する。
　　＊　民法820条　親権を行う者は，子の利益のために子の監護及び教育をする権利を有し，義務を負う。

* 第822条 親権を行う者は，第820条の規定による監護及び教育に必要な範囲内でその子を懲戒することができる。
* 民法第824条 親権を行う者は，子の財産を管理し，かつ，その財産に関する法律行為についてその子を代表する。

　　親権者は，①未成年の子の身上監護の権利・義務と②財産管理権を有する。平成23年改正により，第820条には「子の利益のために」，同第822条には「監護及び教育に必要な範囲内で」という言葉を入れたのは，児童虐待の防止等を図り，児童の権利利益を擁護する観点からである。親権とは，子に対する養育の義務を果たすのに必要な限りで認められる点に留意しなければならない。

* 　民法（親子法制）等の改正に関する中間試案（案）は，親権者の「懲戒権」につき，これまで親権者が「しつけ」と弁明することによって子どもの虐待が見過ごされがちだったことも踏まえて，懲戒権の規定の削除を含めた検討がされている。

* 「親権」という言葉の変更

　　イギリスでは，親の立場にあるものの多様な責任を明らかにするため，監護権（custody）という言葉を親責任（parental responsibility）という言葉に変更した。

　　ドイツでは，1979年に「親の配慮権に関する新規制法」が制定され，親権は親のためのものではなく，子の発達し成長する権利，子の福祉に奉仕するためのものであるという観点から再構築され，それまで使われていた「親の権力（elterliche Gewalt）」という言葉を「親の配慮（elterliche Sorge）」という言葉に改めた。

②親権の制限

　　児童相談所に寄せられる児童虐待の相談経緯は，年々増加の一途を

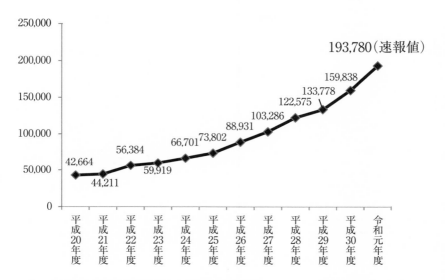

年　　度	平成20年度	平成21年度	平成22年度	平成23年度	平成24年度	平成25年度
件　　数	42,664	44,211	注56,384	59,919	66,701	73,802
対前年度比	+5.0%	+3.6%	－	－	+11.3%	+10.6%
年　　度	平成26年度	平成27年度	平成28年度	平成29年度	平成30年度	令和元年度 （速報値）
件　　数	88,931	103,286	122,575	133,778	159,838	193,780
対前年度比	+20.5%	+16.1%	+18.7%	+9.1%	+19.5%	+21.2%

（注）平成22年度の件数は，東日本大震災の影響により，福島県を除いて集計した数値。

図４－１　児童虐待相談対応件数の推移（厚生労働省；改変）
https://www.mhlw.go.jp/content/000696156.pdf

たどっており，平成20年度には42,664件だったが，令和元年には193,780件（速報値）となっている（図４－１）。

民法第834条は親権の喪失を，同第834条の２は親権の停止を定めている。

民法によれば，

ア　父または母による虐待または悪意の遺棄その他父母による親権による行使が著しく困難または不適当であることにより，

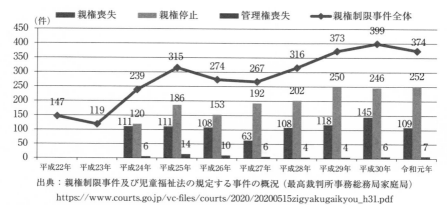

出典：親権制限事件及び児童福祉法の規定する事件の概況（最高裁判所事務総務局家庭局）
https://www.courts.go.jp/vc-files/courts/2020/20200515zigyakugaikyou_h31.pdf

図４－２　親権制限事件の新受件数の推移；改変 (平成22年から令和元年まで)

　イ　子の利益を著しく害するときは

　　　裁判所は，その父または母について親権喪失の審判をすることができる。親権喪失は，親から一切の権限を剥奪するもので，戸籍にもその旨記載されることから，申立が控えられる傾向があった。

　そこで，平成23年の改正により，2年を超えない範囲内で親権停止の審判をすることができるという規定が新たに設けられた。

　令和元年度の親権喪失審判は109件，親権停止審判は252件であったことからも，親権停止の審判が活用されている実態が窺われる（図４－２）。

　一定期間の親権制限をすることによって，子どもに対する治療拒否に対応するため，親権停止の手続が利用されることもある。

　モデル契約のトラブルに巻き込まれた青葉さんは，法律に関心を持ち，山里大学の法学部に進学しました。ゼミで親権喪失と親権停止について発表することになり，裁判例を調べたところ，宗教上の理由により，手

術の際の輸血について親権者の事前の同意が得られない場合に，親権停止の審判と保全処分が申し立てられた事件があることを知り，改めて法律の奥深さを実感しました。

* 　保全処分　訴訟や審判の確定を待っていたのでは，権利の実現ができない場合，裁判所が暫定的に財産等の保全や権利を行使する職務代行者等を定める手続
* 　東京家裁平成 27 年 4 月 14 日審判
　　乳児の親権者が，手術の必要性は理解したものの宗教上の理由から輸血に同意しなかった。無輸血の手術を予定していても大量出血等により輸血が必要となる場合があることから，事前の同意が必要とされた。
　　裁判所は，「未成年者の生命の安全及び健全な発達を得るためには可及的速やかに手術を行う必要があり，無輸血手術を行う場合でも，凝固障害や手術中の大量出血の緊急の場合に備え，事前に輸血について同意を得ておく必要がある。輸血に同意しないことが宗教上の信念に基づくものであっても，未成年者の生命に危険を生じさせる可能性が極めて高く，親権者らによる親権の行使が困難または不適当であることにより子の利益を害することが明らかである」として，親権の停止を認めた。

2. 親子関係の成立

（1）法律上の親子関係
①法律上の親子関係
　　法律上の親子関係は，血のつながった親子に限られない。養子縁組によって，養子は，縁組の日から養親の嫡出子の身分を取得する（民

法第 809 条)。

　日本では，家の継承や家督相続を目的として養子縁組が利用されてきた事情があり，現在でも成人を養子とする縁組が過半数を占めるといわれている。

②特別養子縁組（民法第 817 条の 2 ～ 11）

　養子縁組が戦争から生じた孤児や捨て子の保護から出発し，「子のための制度」とされていた世界の趨勢を受けて，昭和 62 年，我が国でも特別養子縁組の制度を創設することとなった。特別養子縁組は，保護者のいない子どもや実親による養育が困難な子どもに温かい家庭を与え，子どもの健全な育成を図ることを目的としている。家庭裁判所の審判により成立し，縁組の日から実親との親子関係を終了させ，養親との間に実親子と同様の親子関係を成立させることにより養親子関係を安定させている。

（2）実親子関係の成立

①嫡出の推定　　妻が婚姻中に懐胎した子は夫の子と推定される（民法第 772 条 1 項）。

　さらに，婚姻の成立から 200 日を経過した後，または，婚姻の解消もしくは取消の日から 300 日以内に生まれた子についても，婚姻中に懐胎したものと推定される（民法第 772 条 2 項）。婚姻中に生まれた子は「嫡出子」とされる。

　妻が婚姻前に懐胎し，婚姻後に子どもが生まれるいわゆる「できちゃった婚」の場合であっても，父母が嫡出子として出生を届けることができ，その場合には，子は嫡出子とされる。

②嫡出否認

　嫡出推定を覆すことができるのは夫のみである（民法第 774 条）。

例えば，妻が懐胎した時期に海外赴任中のため性関係がなかった場合には，夫は子の出生を知ってから 1 年以内に裁判によって嫡出推定を覆すことができる（民法第 775 条，第 777 条）。

　嫡出否認に制限を設けているのは，第三者による介入を防ぎ家庭の平和を守り，親子関係を早期に安定させるためとされている。

　最高裁判所は，婚姻中に生まれ出生届をした子が，その後のＤＮＡ鑑定で夫の子ではないことが判明した事案につき，親子関係不存在確認の訴え（子から法律上の父に対するもの，法律上の父から子に対するもの）について，いずれの場合も親子関係不存在確認の訴えによって父子関係を争うことができないとした。

　＊　最高裁平成 26 年 7 月 17 日第一小法廷
　　　夫と子との間に生物学上の父子関係が認められないことが科学的証拠により明らかであり，かつ，子が，現時点において夫の下で監護されておらず，妻及び生物学上の父の下で順調に成長しているという事情があっても，子の身分関係の法的安定を保持する必要が当然になくなるものではないから，上記の事情が存在するからといって，同条による嫡出の推定が及ばなくなるものとはいえず，親子関係不存在確認の訴えをもって当該父子関係の存否を争うことはできないものと解するのが相当である。

山里大学法学部の青葉さんのゼミでこの判例が取り上げられた。

青葉：ＤＮＡ鑑定の結果から科学的に親子ではないと分かっているのに，どうして，裁判所は血がつながっていない ことが分かっても親子関係を存続させるのかしら。

教授：父と子の親子関係は，父からの嫡出否認の訴えによってのみ否定できるというのが法律の規定ということです。しかし，この事件では，子は既に生物学上の父と同居して健やかに成長していた事案だったから，これでよかったのかという疑問も残るね。法制審議会民法（親子法制）部会で議論されているところです。

　　＊　民法（親子法制）等の改正に関する中間試案（案）（令和3年2月9日）では，母や子に否認権を認めるかどうかも含めて，嫡出否認制度の見直しが検討されている。
　　　　なお中間試案（案）では，嫡出推定の見直しも検討されている。これは，離婚成立前に他の男性の子を懐胎した場合，離婚後300日以内に生まれた子は前夫の子とされてしまうため，母が出生届をせず子が無戸籍となるなどの問題が生じたこと等から検討されることになった。

（3）認知による親子関係の成立
①認知
　嫡出でない子は，「この子は自分の子である」と認める認知によって親子関係が生じる（民法第779条）。認知は，出生のときに遡って効力を生じる（民法第784条）。
　なお，母子関係は分娩の事実によって発生するとされている。
②認知の方法
　戸籍の届け出による方法（民法第781条，任意認知）と裁判による方法（民法第787条，強制認知）がある。

　父は，まだ生まれていない子（胎児）についても，母の承諾があれば

認知することができる（民法第783条）

　　＊　最高裁平成20年6月4日大法廷判決
　　　　国籍法第3条（旧）は，胎児認知された子は出生のときに日本
　　国籍を取得することができたが，出生後認知された子は，父母が
　　婚姻をしなければ国籍を取得できなかった。
　　　　最高裁判所は，出生後認知された子の国籍取得に関し，国籍法
　　第3条（旧）が父母の婚姻を条件としているのは違憲であると判
　　断した。
　　　　「本件区別については，これを生じさせた立法目的自体に合理
　　的な根拠は認められるものの，立法目的との間における合理的関
　　連性は，我が国の内外における社会的環境の変化等によって失わ
　　れており，今日において，国籍法3条1項の規定は，日本国籍の
　　取得につき合理性を欠いた過剰な要件を課するものとなっている
　　というべきである。」

　この判決を受け国籍法第3条は，認知した子の父または母が子の出生
のとき日本国民であった場合には，法務大臣に届け出ることによって日
本国籍を取得することができると改められた。

（4）生殖補助医療と親子関係

　自然の生殖行為によってではなく，科学技術によって子を懐胎する生
殖補助医療の進歩は著しい。しかし，生命倫理の問題もあり，どこまで
生殖補助医療を認めるか，生まれた子と父または母との親子関係をどの
ように定めるかは，困難な問題である。
　日本では，第三者から精子の提供を受ける人工授精（AID）によって

生まれた子は既に一万人を超えているといわれている。生まれた子と父との間に血縁関係はないが，夫の子として戸籍に記載されている。

体外受精や顕微授精等によって生まれた子は，年間の出生数全体の5％を超えるというデータがある（平成28年）。

子を持ちたい女性の依頼を受けて妊娠・出産し，生まれた子を依頼した女性に引き渡すという代理出産は，日本では認められていない。日本産婦人科学会が，その理由を次のとおり挙げている。

1）生まれてくる子の福祉を最優先するべきである
2）代理懐胎は身体的危険性・精神的負担を伴う
3）家族関係を複雑にする
4）代理懐胎契約は倫理的に社会全体が許容していると認められない

血のつながった子どもが欲しいと強く願う人たちがいるとしても，生命倫理の視点から代理出産は，許されないと言わざるをえない。

青葉さんのゼミでは，生殖補助医療と親子関係に関する判例を調べることになった。4年生の西さんが見つけた判例は，性同一性障害者特例法によって男性に性別の取扱いを変更した夫との間に生まれた子に関するものだった。ゼミではこの判例を，賛成の立場と反対の立場に意見が分かれ，議論が取り交わされた。

＊　最高裁平成25年12月10日第三小法廷判決
　　性同一性障害者特例法第3条1項によって男性への性別の取扱いを変更した後婚姻し，夫の同意の下に夫以外の男性からの精子提供を受けて人工授精し，妻が出産したことにつき，最高裁判所は，生まれた子は嫡出子であると判示した。

　「特例法3条1項の規定に基づき男性への性別の取扱いの変更の審判を受けた者は，以後，法令の規定の適用について男性とみなされるため，民法の規定に基づき夫として婚姻することができるのみならず，婚姻中にその妻が子を懐胎したときは，同法772条の規定により，当該子は当該夫の子と推定されるというべきである。」

3.　少子化とこれからの子ども

　日本では，少子高齢化が進んでいる。それに加えて非婚化も進み，令和2年度の出生数は87万2683人，合計特殊出生率（一人の女性が一生のうちに出産する子どもの平均数）は1.36だった。出生数の減少化の方向は止まらないと思われる。

　日本では，親は血のつながった子どもを期待する家族が多い。離婚のときには，親権を争い子の奪い合いをする親も多く，子どもは「貴重な存在」となっている。

　他方，子どもの虐待は後を絶たず，命を落とす子どもは70人を超えている（平成30年4月から同31年3月まで）。

　児童権利条約は，子どもの4つの権利，「生きる権利」，「育つ権利」，「守られる権利」「参加する権利」を定めている。長い歴史の中で，半人前の扱い，親の所有物のような扱いを受けてきた子どもが，社会の将来を担う一人の人間として尊重される存在であることが確認されている。子どもに関わる法律は，その国の歴史や家族に対する考え方に強く影響されがちだが，この4つの権利が普遍的なものであることを念頭に，制定され，解釈されていくことが求められる。

5 | 家族間の紛争とその解決（1）離婚に関わる問題

川島　志保

《**目標＆ポイント**》　夫婦関係の解消に伴い，夫婦間，親子間における身分及び財産について，さまざまな法律問題が生じること，夫婦間の紛争が，どのように解決されているのか，法律の仕組みや家庭裁判所の役割について説明する。

《**キーワード**》　婚姻費用，算定表，家庭裁判所，調停委員，家庭裁判所調査官，調停前置主義，子どもの奪い合い，離婚，親権，養育費，財産分与，慰謝料，調停，人事訴訟

　日本では，古くは，大宝律令に，妻を追い出せる七つの要件（七去三不去）が定められていたり，江戸時代には三行半（みくだりはん）による離婚や，縁切寺に逃げ込むことによる離婚等があったりするなど，離婚に対する宗教的な拘束はなかったといわれている。

　しかし，結婚をして夫婦となり，子どもが生まれ，マイホームを建て，家庭生活を営んできた男女が，夫婦関係を解消するに至るまでには，どちらの親が子どもを引き取るのか，二人で築いた財産の清算をどうするのか，子どもの将来に対して親としてどのような責任を負っていくのか等々，解決しなければならない課題がたくさんある。感情的な対立がある場合，夫婦二人の話し合いだけでは解決できないこともある。

　夫婦が解決すべき課題は何か，話し合いによって合意できない場合，どのような解決方法があるのだろうか。ここでは，一組の夫婦を例にとって，家族の紛争の実態と，離婚に関する法律の規定，家庭裁判所の仕組

みや家庭裁判所で行われる手続の概要を見てみよう。

1.　ある家族の結婚生活

（1）家族のプロフィール

　ここに一組の夫婦（山田太郎・花子）がいる。二人は職場で知り合い，5年前に結婚した。3年前には，長男（一郎）が生まれた。妻は1年の育児休業を取りその後仕事に復帰した。復帰後も，一郎の保育園の送り迎えと世話や家事は妻の役目のままだった。2年前，郊外に念願のマイホームを購入して生活するようになった。花子は仕事と家事と育児に追い詰められてイライラしがちだったが，太郎は花子の不調にまったく気づかず，「そんなに忙しいなら仕事を辞めたら。どうせ僕の稼ぎには追いつかないんだから。」と慰めたつもりでいた。

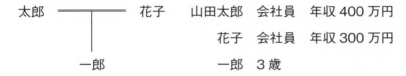

太郎 ——┬—— 花子　　山田太郎　会社員　年収400万円
　　　　│　　　　　　　花子　会社員　年収300万円
　　　一郎　　　　　　　一郎　3歳

　そんなある日，花子が一郎を連れて実家に戻ってしまった。前々日も花子から「たまには手伝ってよ。」と言われたが，太郎はいつものことだと受け流し，翌日にはケーキを買って帰り，ご機嫌を取るつもりだった。太郎は黙って出て行った花子に腹を立てたが，すぐに戻ってくると思い，何も連絡せずに放っておいた。

　3か月を過ぎた頃，花子から，生活費を送ってほしいという連絡があった。太郎は，勝手に出て行ったのに，お金をくれとは虫がよすぎると思い，これを無視した。半年経っても花子と一郎は，戻ってこなかった。

（2）夫婦の別居と生活費の負担（婚姻費用の分担）

　夫婦が円満な場合は，夫が働いて得た給料を家族の生活費に充てて生計を維持することに何ら問題はない。

　しかし，妻が家を出て別居に至った場合，夫は，「黙って出て行ったのだから」とか，「出て行く以上，自分で働いて生計を立てるべきだ」とか，「実家で養ってもらっているのだから」等と主張し，別居した妻子の生活費の負担を拒むことがある。

　ところが，法律の規定によると，「夫婦は，その資産，収入その他一切の事情を考慮して，婚姻から生ずる費用を分担する。」（民法第760条）とされており，家庭生活を営む上で必要な生活費（これを法律用語では，「婚姻費用」という）は，夫婦で分担すると定められている。裁判所によれば，婚姻費用とは，「夫婦と未成熟子によって構成される婚姻家族が，その資産，収入，社会的地位等に応じた通常の社会生活を維持するために必要な費用」（大阪高等裁判所昭和33年6月10日決定）とされている。

　別居の理由を問わず，夫婦は，それぞれの収入に応じて婚姻費用を負担する義務を負っていることになる。

　夫婦である以上，別居したとしても太郎もまた，花子と一郎の生活費（婚姻費用）を負担しなければならないことになる。

（3）婚姻費用の算定方法

　婚姻費用の計算は，どのようにされるのだろうか。生活費を切り詰めて預金をしている家庭もあれば，給料だけでは足りなくて，借金をして生活をしている家庭もある。

　小さい子どものいる家庭では，子どもにかかる費用は限られているが，中学生以上の子どもがいると，衣食住等の生活費のほか，塾や習い事な

どに費用がかかることもある。別居すると，家計が二つに分かれることになるので，それまで支出していた費用全部を婚姻費用として，夫が負担することとすると，夫の生活が成り立たなくなることがある。

　花子の話によると，太郎は，住宅ローン（月額 10 万円）と光熱費等を負担するだけで，その他の生活費はすべて花子が負担していた。花子の給料では，生活費と一郎の保育料を支払うのが精一杯だった。

　家庭裁判所では，婚姻費用の計算は，夫と妻の年収に応じた「算定表」を用いることになっている。現在使われている「算定表」（表 5 - 1）は，平成 15 年の「簡易迅速な養育費の算定を目指して〜養育費・婚姻費用の算定方式と算定表の提案，判例タイムズ 1111 号 285 頁〜 315 頁」を，改訂したものである（令和元年 12 月 23 日公表）。
　算定表によると，夫の年収 400 万円，妻の年収 300 万円の場合，0 〜 14 才の子どもが一人いる山田夫婦の場合，太郎が花子に支払うべき婚姻費用は，4 〜 6 万円ということになる。

　算定表を見た花子は，太郎に毎月 6 万円を送金して欲しいと伝えた。しかし，太郎は，「住宅ローンは自分が支払っているし，一郎は小さくてお金がかからないはずだ。」，「おまえも働いているのだからお金は足りているはずだ。」と言い，1 円も送金してこなかった。
　市役所に相談に行くと，女性相談員から生活費を払ってもらう手続きがあるので家庭裁判所に相談に行ってみたらと，助言してくれた。

表 5-1　婚姻費用算定表 ― 子どもが 1 名（0 ～ 14 歳）の場合

義務者の年収 単位／万円		（区分）
550	410	
525	392	
500	373	8 ～ 10 万円
475	349	
450	331	
425	312	
400	294	6 ～ 8 万円
375	275	
350	256	
325	237	
300	218	4 ～ 6 万円
275	203	
250	185	
225	165	2 ～ 4 万円
200	148	
175	131	
150	113	1 ～ 2 万円
125	98	
100	82	～ 1 万円
75	66	
50	44	
25	22	0 円
0	0	

	自営	0	22	44	66	82	98	113	131	148	165	185	203	218	237	256
	給与	0	25	50	75	100	125	150	175	200	225	250	275	300	325	350

権利者の年収　単位／万円

https://www.courts.go.jp/vc-files/courts/file5/konpi-11.pdf

　配偶者の一方が家計を管理していて，月々生活費として僅かな金額しか渡していなかった場合，算定表による婚姻費用は多額だと受け止められることがある。また，算定表の婚姻費用には，子どもの義務教育の費用等は含まれるとされているが，塾や習い事の費用や，私立学校の学費，大学進学の際の学費等は含まれておらず，それらの負担を当然に夫に求めることができるわけではない。

　いろいろな事情で婚姻費用の金額を巡っては紛争が激化することが多い。

2.　家庭裁判所の役割

（1）家庭裁判所が設置された理由

　家庭裁判所は，家族に関する事件と少年の非行事件を扱う裁判所として，昭和 24 年に新たに設けられた裁判所である。全国の地方裁判所所在地に 50 か所あるほか，いくつかの支部や出張所が置かれている。

　夫婦間の問題，子どもをめぐる問題，親の介護や相続の問題等家族間の紛争は，複雑な人間関係が背景にあるため，法律を適用して一刀両断に判断することになじまない。白黒をつけるため争う前に，こじれた人間関係を調整しながら，当事者が話し合って解決策を探る努力をすることが必要であるとの観点から，家族に関する紛争解決の機能を果たすため，家庭裁判所が設置された。

　少年事件についても，「刑罰」というペナルティではなく，少年の健全な育成を期し，非行のある少年に対して性格の矯正及び環境の調整に関する保護処分を行うとともに，少年の刑事事件について特別の措置を講ずる（少年法第 1 条）という目的に添って，家庭裁判所が少年事件を管轄している。

（2）家事事件を担当する人々

　家庭裁判所は，家族の紛争と少年事件を扱う裁判所であることから，裁判官のほか，家事調停事件を担当する調停委員や，紛争の背景にある事実等の調査を行う家庭裁判所調査官等が配置されている。

＊　調停委員

　「一般市民の良識を反映させるため，社会生活上の豊富な知識経験や専門的な知識を持つ人の中から選ばれます。具体的には，原則

76

として40歳以上70歳未満の人で，弁護士，医師，大学教授，公認会計士，不動産鑑定士，建築士などの専門家の他，地域社会に密着して幅広く活動してきた人など，社会の各分野から選ばれています。」

（裁判所　ホームページによる）

* **家庭裁判所調査官**
　「家事事件では，紛争の当事者や親の紛争のさなかに置かれている子どもに面接をして，問題の原因や背景を調査し，必要に応じて社会福祉や医療などの関係機関との連絡や調整などを行いながら当事者や子にとって最もよいと思われる解決方法を検討し裁判官に報告します。この報告に基づいて裁判官は審判や調停を進めていきます。また，悩み事から気持ちが混乱している当事者に対しては冷静に話し合いができるようにカウンセリングなどの方法を活用して心理的な援助をしたり，調停に立ち会って当事者の話し合いがスムーズに進められるようにしたりすることもあります。」

（裁判所　ホームページによる）

　さらに，家事事件手続法には，家庭裁判所調査官に，事実の調査をさせその結果を口頭または書面で報告させることができる旨の規定が置かれている（第261条2項，第58条1項）。

（3）家庭裁判所の手続
　家庭裁判所が扱う家族の紛争に関する手続には，家事調停，家事審判及び人事訴訟がある。

①家事調停

　家事調停とは，裁判官1名と男女2名の調停委員で構成される調停委員会によって，当事者の合意を目指して話し合いを行う手続である。プライバシー保護のため非公開で行われる。

　家事事件手続法第244条は，「家庭裁判所は，人事に関する訴訟事件その他家庭に関する事件（別表第一に掲げる事項についての事件を除く。）について調停を行う…」と定めており，これに基づいて調停が行われる。

＊　調停前置主義

　　さらに，家事事件手続法第257条1項は，「第244条の規定により調停を行うことができる事件について訴えを提起しようとする者は，まず家庭裁判所に家事調停の申立てをしなければならない。」と定めている。いきなり離婚の訴えを提起した場合，裁判所は，その事件を家庭裁判所の調停に付さなければならない（家事事件手続法第257条2項）とされている。これを調停前置主義という。

　　調停前置主義が採用された理由としては，「家庭内の事件をいきなり公開の法廷における訴訟手続で争わせるのではなく，家庭裁判所調査官等を利用しながら人間関係の調整を行い，円満な解決を図ることが望ましい」と説明されている。

＊　調停調書

　　当事者間に合意が成立した場合，その合意が調停調書に記載される。その内容は，確定判決と同一の効力があるとされる（家事事件手続法第268条1項）。

②家事審判

　家事審判は，家事事件手続法第39条のとおり，別表第一及び別表第二に掲げる事項及び家事事件手続法に定められた事項（各種審判事件前の保全処分等）につきなされる手続である。

　別表第一には，成年後見等，未成年後見，相続の承認及び放棄，遺言書の検認等，当事者が自らの意志で処分することのできない権利または利益に関する事件（比較的公益性の高い事件）が掲げられている。

　別表第二には，婚姻費用，財産分与，子の監護に関する処分，親権者の指定，遺産分割等，当事者が自らの意志で処分することのできる権利または利益に関する事項（比較的公益性の低い事件）が掲げられている。別表第二については，調停によって解決することができる（家事事件手続法244条）。

③人事訴訟

　人事訴訟とは，離婚や認知等，身分関係の形成または存否の確認を目的とする訴えである。

　平成16年4月の法改正により，これまで地方裁判所を管轄としていた人事訴訟事件は，家庭裁判所の管轄となった。家庭裁判所に管轄を移した理由としては，親権の指定などに関し，家庭裁判所調査官の調査を活用できることや，一定の条件の下で当事者尋問の公開停止の手続を取ることなどが挙げられている。

　人事訴訟は，その対象が身分関係にかかり，当事者のみならず親族や社会全体にその影響を及ぼすことがあるなど公益性が強く，真実発見の必要性も高いため，「職権探知主義」が採用されている（人事訴訟法第20条）。

* **職権探知主義**

　　判決等の基礎となる証拠や資料の収集を当事者に委ねるのではな
く，裁判所が，職権で調査を行い資料等を収集し，真実を探求する
やり方。

* **弁論主義**

　　一般の民事事件では，主張と立証は当事者に委ねられており，当
事者から提出された証拠にのみ基づいて，裁判が行われる。

3.　婚姻費用分担調停と審判

　花子が家庭裁判所に行くと，家事相談の窓口があり，担当者が，花子
の相談を受け，「婚姻費用分担調停」の申し立てについて，詳しく教え
てくれた。

　別居中の生活費を渡してくれない場合や，同居していても必要な生活
費を渡してくれない場合など，生活費の金額について当事者間で合意で
きないときには，家庭裁判所に「婚姻費用分担調停」を申し立て，話し
合いをすることができる。

　調停申立書は，家庭裁判所の窓口や，インターネット（裁判所のホー
ムページ）で入手することができる。申し立てに際して準備する書類は，
戸籍謄本や夫婦それぞれの収入が分かる源泉徴収票，給与明細等の資料
である。

　調停において，花子が月額6万円の婚姻費用の支払いを求め，太郎は
2万円なら支払うといって譲らなければ，話し合いによる解決は困難な
ので，調停は不成立となる。

　婚姻費用分担調停が不成立になると，そのまま審判に移行し，裁判官
が審判により婚姻費用分担額を決めることになる（家事事件手続法第

272 条 4 項)。

　審判では，算定表を基礎に婚姻費用が決定される。

　審判に不服がある場合には，高等裁判所に即時抗告をすることができるが，よほど特別な事情がない限り，算定表の範囲内で決められた審判が覆ることがないと考えたほうがよい。

〈強制執行についての特別の扱い〉

　審判が確定すると，確定判決と同一の効力がある。万一支払われない場合には，給料の差し押さえ等の強制執行をすることができる。婚姻費用や養育費は，家族の扶養義務に基づく費用であることから，将来の支払いについても強制執行が開始されることになっている（民事執行法第 151 条の 2）。つまり，一度強制執行手続を取ると，将来にわたって以後，毎月強制執行をしたのと同じ効果が続き，毎月の給料から，婚姻費用が支払われることになる。

　花子と太郎の家庭裁判所での婚姻費用分担調停は合意に至らなかった。その後，家庭裁判所から，婚姻費用を月額 5 万円とするという審判が届いた。太郎は，毎月 5 万円を，花子の銀行口座に送金するようになった。

4.　協議離婚と夫婦関係調整調停

　花子が，実家に戻って 1 年が過ぎた。花子が，離婚のことを話し合おうとしても，太郎は，「離婚しない。」，「どうしても離婚するなら一郎の親権をよこせ。」と言うばかりで，話し合いは進展しなかった。花子は，女性相談員の助言にしたがって，家庭裁判所に調停を申し立てることにした。

（1）協議離婚

　夫婦は，その協議で離婚することができる（民法第 763 条）。離婚届に所定事項を記入し，夫婦がそれぞれ署名・捺印をして，届け出れば，離婚は成立する。夫婦に未成年者の子どもがいる場合，夫または妻のどちらが親権を行うのか記入しなければならない。親権者が決まらない場合や，養育費，財産分与等について合意できない場合には，調停を申し立てることになる。

（2）夫婦関係調整調停

　当事者間で，離婚の合意ができない場合，親権者が決まらない場合のほか，養育費額や財産分与等金銭に関することについて合意できない場合には，家庭裁判所に調停を申し立てることになる（離婚調停）。

　夫婦の間がうまくいかない場合で，もう一度やり直すための調整についても，調停を申し立てることができる（円満調停）。

　家庭裁判所では，これらを併せて夫婦関係調整調停という。

＊　管轄

　どこの裁判所に事件を申し立てるかというのが，管轄の問題である。調停は，話し合いによる解決を目指す手続であることから，相手方の住所地の家庭裁判所に申し立てることになっている（家事事件手続法第 245 条 1 項）。

　もし，花子が実家の東京に戻っていて，太郎が札幌市に住んでいるとすると，花子から調停を申し立てる場合，札幌家庭裁判所が管轄となる。調停手続きは，本人出頭が原則なので（家事事件手続法第 258 条 1 項による同法第 51 条の準用），花子は，調停のために札幌家庭裁判所に出向くことになる。

＊　**調停申立書**（図5－1，図5－2）

　調停申立書は，家庭裁判所の窓口や，インターネット（裁判所の
ホームページ）で入手することができる。申し立てに際して準備す
る書類は，戸籍謄本である。

　申し立てに至った経緯については，「申立ての理由」という欄の「申
立ての動機」に○又は◎をつけることになっているが，結婚生活の
経緯や離婚を決意した事情等を詳しく書きたい場合には，別紙に記
入して提出することもできる。

　調停申立書の写しは相手方にも送付される（家事事件手続法第
256条1項）。相手方が申立の内容を知った上で調停に望むことは，
調停を充実させ早期解決に質すると考えられるためである。

＊　**離婚調停で，話し合われる事項は次のとおりである。**
　①離婚の合意
　②未成年者の子どもがいる場合は親権者の指定
　③養育費
　④財産分与
　⑤慰謝料

　さらに，平成19年に始まった年金分割についても同時に申し立てら
れることがあり，これについても話し合いが行われる。

（3）子どもをめぐる問題

　花子は，母親である自分が当然に親権者になると思っていた。調停委
員から，もし，花子が親権者となった場合，父親と一郎との関係をどう
するのかと聞かれ，「私のことを見下すような父親ですので，会わせる
気持ちはありません。お父さんは死んだと子どもには言い聞かせて育て

記入例　妻から夫に対して離婚の調停を求める場合

申立書を提出する裁判所

作成年月日

この申立書の写しは，法律の定めるところにより，申立ての内容を知らせるため，相手方に送付されます。

申立書の写しは相手方に送付されますので，あらかじめご了承ください。

裁判所から連絡がとれるように正確に記入してください。ご不明な点があれば，申立書を提出される裁判所にお問い合わせください。

受付印		夫婦関係等調整調停申立書　事件名（ **離婚**　）	
		（この欄に申立て1件あたり収入印紙1,200円分を貼ってください。）	
		印紙	
収　入　印　紙　　　　円			
予納郵便切手　　　　円		（貼った印紙に押印しないでください。）	

○○ 家庭裁判所 御中 令和○○ 年 ○ 月○○ 日	申　立　人 （又は法定代理人など） の　記　名　押　印	甲野　花子　㊞

添付書類	（審理のために必要な場合は，追加書類の提出をお願いすることがあります。） ☑ 戸籍謄本（全部事項証明書）　（内縁関係に関する申立ての場合は不要） ☑ （年金分割の申立てが含まれている場合）年金分割のための情報通知書 □	準 口 頭

申 立 人	本　　籍 （国　籍）	（内縁関係に関する申立ての場合は，記入する必要はありません。） ○○ 都道府**県** ○○市○○町○番地		
	住　　所	〒○○○ － ○○○○ ○○県○○市○○町○丁目○番○号（　　　　　方）		
	フリガナ 氏　　名	コウノ　ハナコ 甲野　花子	大正 昭和 **平成** ○○年 ○ 月 ○ 日生 （ ○○ 歳）	
相 手 方	本　　籍 （国　籍）	（内縁関係に関する申立ての場合は，記入する必要はありません。） ○○ 都道府**県** ○○市○○町○番地		
	住　　所	〒○○○ － ○○○○ ○○県○○市○○町○丁目○番○号　○○アパート○号室（　　　　　方）		
	フリガナ 氏　　名	コウノ　タロウ 甲野　太郎	大正 昭和 **平成** ○○年 ○ 月 ○ 日生 （ ○○ 歳）	
対 象 と な る 子	住　　所	☑ 申立人と同居　／　□ 相手方と同居 □ その他（　　　）	平成 **令和** ○○年 ○○ 月 ○○ 日生 （ ○ 歳）	
	フリガナ 氏　　名	コウノ 甲野　さくら		
	住　　所	☑ 申立人と同居　／　□ 相手方と同居 □ その他（　　　）	平成 **令和** ○○年 ○ 月 ○○ 日生 （ ○ 歳）	
	フリガナ 氏　　名	コウノ　ハヤ ジ ? 甲野　隼		
	住　　所	□ 申立人と同居　／　□ 相手方と同居 □ その他（　　　）	平成 令和 年 月 日生 （ 歳）	
	フリガナ 氏　　名			

（注）太枠の中だけ記入してください。対象となる子は，付随申立ての(1)，(2)又は(3)を選択したときのみ記入してください。　□の部分は，該当するものにチェックしてください。

夫婦（1/2）

図 5 － 1　調停申立書

未成熟子の養育費、財産分与や慰謝料を請求するときは、相手方に
支払ってほしい金額を記入してください。金額がはっきりしないと
きは「相当額」を選択してください。

この申立書の写しは，法律の定めるところにより，申立ての内容を知らせるため，相手方に送付されます。

※　申立ての趣旨は，当てはまる番号（1 又は 2，付随申立てについては(1)〜(7)）を○で囲んでください。
　　□の部分は，該当するものにチェックしてください。
☆　付随申立ての(6)を選択したときは，年金分割のための情報通知書の写しをとり，別紙として添付してくださ
　　い（その写しも相手方に送付されます。）。

申　立　て　の　趣　旨	
円　満　調　整	関　係　解　消
※ 1　申立人と相手方間の婚姻関係を円満に調整する。 2　申立人と相手方間の内縁関係を円満に調整する。	※ ① 申立人と相手方は離婚する。 2　申立人と相手方は内縁関係を解消する。 （付随申立て） ① 未成年の子の親権者を次のように定める。 　　　　　　　　　　　　　　　　　については父。 　**さくら，隼**　　　　　　　　　　については母。 ② （□申立人／☑相手方）と未成年の子 **さくら，隼** 　が面会交流する時期，方法などにつき定める。 ③ （□申立人／☑相手方）は，子 **さくら，隼** 養育費 　として，1人当たり毎月（☑金 **○○** 円 ／ 　□相当額）を支払う。 ④ 相手方は，申立人に財産分与として， 　（□金　　　　円 ／ ☑相当額 ）を支払う。 ⑤ 相手方は，申立人に慰謝料として， 　（☑金 **○○** 円 ／ □相当額 ）を支払う。 ⑥ 申立人と相手方との間の別紙年金分割のための情 　報通知書の（☆）記載の情報に係る年金分割について 　の請求すべき按分割合を， 　（☑0.5 ／ □（　　　　　　））と定める。 (7)

申　立　て　の　理　由		
同　居　・　別　居　の　時　期		
同居を始めた日…昭和・平成・令和 **○○** 年 **○** 月 **○○** 日	別居をした日…昭和・平成・令和 **○○** 年 **○** 月 **○○** 日	
申　立　て　の　動　機		
※当てはまる番号を○で囲み，そのうち最も重要と思うものに◎を付けてください。		
1　性格があわない　　② 異　性　関　係　　3　暴力をふるう　　4　酒を飲みすぎる		
5　性的不調和　　6　浪　費　す　る　　7　病　　　気		
8　精神的に虐待する　⑨ 家族をすててかえりみない 10 家族と折合いが悪い		
11　同居に応じない　⑫ 生活費を渡さない　　13　そ　の　他		

夫婦 (2/2)

按分割合（分割割合）を上限で定めることを求めるときは，「□0.5」を選択してください。それ未満の割
合を定めることを求めるときは，「□（　　　）」を選択し，（　　　）に具体的な按分割合を記入してください。

図5－2　調停申立書

https://www.courts.go.jp/vc-files/courts/file2/2019_futyou_rei_432kb.pdf

情報通知書に記載されている住所を相手方に知られたくない事情がある場合は，その部分を覆い隠してコピーする方法により写しを作成してください。（原本はそのまま提出してください。）

夫婦が初めて同居をした日を記入してください。

同居と別居を繰り返しているときは，一番最後の別居の日を記入してください。

ます。」と答えた。調停に立ち会っていた家庭裁判所調査官が首をかしげたので，花子は自分が何か間違ったことを言ったのかと心配になった。

①単独親権と共同親権

　日本の法律では，離婚後は，父親か母親のどちらか一方が親権者となることになっている。

　「民法第819条　父母が協議上の離婚をするときは，その協議で，その一方を親権者と定めなければならない。」

　戦後まもなくの頃までは，家制度の名残もあり，父親を親権者とする例が多かったが，その後，母親が親権者となる例が増えた。しかし，最近は少子化や育児に関わる父親が増えてきた事情もあり，離婚に際し，どちらが親権者となるかを巡って熾烈な争いとなり，ときには子どもの奪い合いに至ることもある。

　他方，離婚後も両親が子の監護に責任を持ち続ける共同監護を採用している国々もある。例えば，ドイツでは「親権」という言葉を「親の配慮」に改め，1997年改正法によって，離婚後においても原則として「共同配慮」となると定められた。また，カトリック教徒が多く離婚率が比較的低いといわれているイタリアにおいても，2006年に成立した「両親の別居と子の共同監護に関する規定」という法律が定められ，共同監護を原則と定めている。

②面会交流

　単独親権の場合は当然，共同親権であっても，子どもは父母どちらか一方の下で生活をすることになるので，一緒に生活していない親と子の関係をどうするかが問題となる。

　最近では，親権者を定めるにあたって，面会交流（離れて暮らす親子の交流）をどう考えるかということも要素の一つとして考慮されている。自分が悪かったから両親が別れることになったと思い込み悩む子や，一緒に生活している母親の気持ちに配慮して，父親に会いたいと言い出せない子もいる。

　子どもは父親も母親も大好きなはずだから，離婚が避けられない場合でも，子どものために親として協力していく姿勢が求められるのである。

　面会交流は，離れて暮らす親にとって，わが子と過ごす大切な時間であるばかりでなく，子どもにとっては親の愛情を確かめる大切な時間である。毎月の面会交流に加え，長い休みなどを利用して宿泊付きの面会交流を行うなど，子どもの健全な発達を図るための工夫が求められる。

③養育費と面会交流の定め

　平成23年の民法改正により，次のとおり定められた。

　「民法766条　父母が協議上の離婚をするときは，子の監護をすべき者，<u>父又は母と子との面会及びその他の交流，子の監護に要する費用の分担</u>その他の子の監護について必要な事項は，その協議で定める。<u>この場合においては，子の利益を最も優先して考慮しなければならない。</u>」

　家庭裁判所調査官が，「一郎君にとっては，太郎さんはたった一人のお父さんです。お父さんが一郎君のことを大切に思っていることを，一郎君も知りながら大きくなることが，一郎君の幸せにつながると思いませんか。生きているお父さんのことを，死んだなどという親に育てられるのは，子どもにとって幸せとは思えません。」と，優しく諭した。

　花子が，面会交流の方法として，毎月1回，近くの児童館で一郎と遊

ぶことや，一郎の様子を見ながら太郎の家に泊まりに行くことも検討したいと提案したことをきっかけに，絶対に親権を譲らないという強硬な姿勢を崩さなかった太郎が，親権者を花子として，離婚することに応じた。

　太郎の話：もし，親権を譲って離婚したら，一郎には一生会うことができないと思い，とても不安だった。家庭裁判所調査官から，「面会交流について合意できれば，毎月一郎に会って一郎の成長を確かめることができるし，男の子だから父親が必要となるときが必ず来る。父子のいい関係を続ければ，一郎から相談を持ちかけてくることもあるから，そのときはお父さんとしてしっかり助言してあげてほしい。」と言われ，ほっとした。これ以上花子と争って，互いに憎み合うよりは，子どものことでは協力し合える関係を作ったほうがいいと思った。

　太郎と花子の年収によって，一郎の養育費は月額3万円と決まった。結婚していた期間が短かったので，二人で作った財産の清算（財産分与）については，マイホームを太郎が引き取り，ローンも太郎が支払っていくということで合意できた。
　離婚に関してすべて合意できたので，調停が成立した。合意内容が記載された調停調書のほか，離婚届とともに提出するため離婚と親権者のみを記載した調停調書，年金分割に関する調停調書が作成された。花子は，山田の姓を名乗る旨の届出書（婚氏続称の届出書）とともに離婚届を提出した。
　その後，太郎と一郎は，毎月会って一緒にときを過ごし続けた。楽しそうな一郎の様子をみて，花子は，家庭裁判所調査官の助言を聞いて，本当によかったと思った。

6 │ 家族間の紛争とその解決（2）
相続に関わる問題

川島　志保

《目標＆ポイント》　本章では，人が亡くなった場合，その人の財産がどのように引き継がれていくのかについて考える。

戦後，民法が大幅に改正され，それまでの家督相続の制度は廃止され，相続の分野にも平等原則（均等相続）が貫かれることになった。

相続財産の中には，土地や借金など分けにくいものや分けて欲しくないものが含まれていたり，相続人の中には，既にたくさんの財産の生前贈与を受けた人や，故人の介護に努めた人等がいたりしており，「均等」に分けるのは必ずしも容易ではない。

また，相続の争いを避けるために遺言を残す人も増えているが，遺言については，民法にいくつもの規定が置かれており，それを知らないと有効な遺言を残すことはできない。

さらに，少子高齢化に伴い，被相続人や相続人の高齢化，残された配偶者の生活保障など，新たな課題もあり，相続法の一部が改正されていることにも注目する。

《キーワード》　遺産分割，相続人，法定相続，婚外子の相続分，特別受益，寄与分，配偶者居住権，遺産分割協議，検認，自筆証書遺言，公正証書遺言

戦前の民法の相続は，「家督相続」が中心だった。「家」の戸主の死亡または隠居により，家督，つまり家の財産は，亡くなった（隠居した）人の戸籍に入っている男子のうちもっとも年長者（長男）が承継することになっていた。したがって，相続の争いはあまりなかった。

戦後，日本国憲法第24条2項は，「配偶者の選択，財産権，相続，住

居の選定，離婚並びに婚姻及び家族に関するその他の事項に関しては，法律は，個人の尊厳と両性の本質的平等に立脚して，制定されなければならない」と定め，これにより，民法第4編（親族）及び第5編（相続）は，大幅に改正された。相続については，法定相続人全員が同じ割合で相続をするという「均等相続」の原則が取られることになった。

　しかし，相続財産の中には簡単には分けられない不動産があったり，親の最期を看取った子もいれば，何もしなかったのに権利だけを主張する子もいたりする。そのため，「相続」は「争族」と揶揄され，「兄弟は他人の始まり」と言われるほど，相続を巡る争いは深刻である。

　ここにある家庭を例にとり，相続の紛争の実態と，相続に関する法律の規定や遺言の概要をみてみよう。

1.　お父さんが死んだ―ある家族のドタバタの始まり

（1）家族のプロフィール

　千葉和夫・正子夫婦は，結婚48年，ともに70代の夫婦である。和夫は，〇〇市役所に40年勤め，十数年前に退職した後は悠々自適の年金生活を送っている。正子は，専業主婦として，長男健，次男剛，長女良子の三人の子どもを育て上げ，今は，趣味の庭造りに励んでいる。

　三人の子は，それぞれ結婚し，子どももいる。長男は，近くの町にマイホームを建てて，妻と子一人と暮らしている。次男は，離れた町で暮らしている。長女は，どうしても音楽学校に行きたいと言ったので，無理をして音楽大学を出してやり，その後，長女はイタリアに留学し，今は自宅でピアノを教えている。

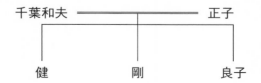

　春先，体調を崩した和夫は，夏になってもすっきりしなかった。心配した正子が，かかりつけの医者に和夫を連れて行くと，医者から，すぐに大学病院に行くように言われた。大学病院で検査を受けたところ，和夫は，末期のがんと診断され，余命 6 か月と言われた。和夫は，自宅で療養生活を送り，最後はホスピスで亡くなった。

（2）法定相続
　人が亡くなると，その人の財産は誰かが必ず引き継ぐことになる。相続人がいない場合，最終的に亡くなった人の財産は国庫に帰属する（民法第 959 条）。
　民法は，相続の方法として，遺言と法定相続の二つの方法を定めている。遺言とは，自分の財産を死後どのように引き継がせるか等について書いた書面である。日本では，遺言を書き残す人は，まだ少数であり，多くの相続は，民法に定める法定相続によって行われる。
　戦後，日本国憲法を受け，民法の相続の規定は大幅に改正されている。民法の定める法定相続人は，配偶者（婚姻届をした法律上の夫婦）と血族（血の繋がった親族と養子縁組による親族）とされ，血族については，第 1 順位は亡くなった人（被相続人）の子，子のいない場合，第 2 順位は被相続人の親（直系尊属），直系尊属がいない場合，第 3 順位は被相続人の兄弟姉妹とされている。
　子の法定相続分は 2 分の 1（配偶者の法定相続分 2 分の 1），直系尊属の法定相続分は 3 分の 1（配偶者の法定相続分 3 分の 2），兄弟姉妹の法定相続分は 4 分の 1（配偶者の法定相続分 4 分の 3）であり，同順位の血族の相続分は相等しいものとされている（民法第 887 条，889 条，890 条，900 条）。
　千葉和夫には，妻（配偶者）と三人の子どもがいるので，和夫に遺言

がない限り，妻と子が相続人となり，法定相続分は，妻正子が2分の1，三人の子は，2分の1を均等に分けるので，それぞれ6分の1ずつとなる。

　和夫の残した財産（遺産）が，預貯金・現金だけで分割できるものであれば，法定相続分にしたがって分ければいいことになる。しかし，家や土地などの不動産や，その不動産に妻（配偶者）が住んでいる場合，住宅ローンが付いている場合には，簡単に分けることはできず，相続人全員で協議しなければならないことになる。

（3）和夫の相続財産

　和夫が残した財産は，自宅の土地・建物，預金と生命保険だった。自宅の土地・建物は，結婚後夫婦二人で建ててローンを返済したものだが，和夫の名義になっていた。預金は，2,000万円，生命保険の死亡保険金1,000万円の受取人は，正子だった。

①生命保険金

　被相続人の死亡に伴い相続人が受け取る財産のすべてが相続財産とされるわけではない。例えば，被保険者の死亡によって支払われる生命保険金は，保険会社から生命保険の受取人に直接支払われるものなので，相続財産には入らない。

　和夫の生命保険金は，受取人と指定された正子が受け取ることになる。

②死亡退職金

　就労中の人が亡くなった場合，会社から支払われる死亡退職金については，法律や就業規則等で，受け取る人の範囲や順位が決められていることが多い。例えば，死亡時に被相続人と生計を一つにする配偶者（婚姻届を出していないが事実上婚姻関係と同様の事情にある者）と定められている場合，被相続人と同居していた内縁の妻が死亡退職金を受け取

ることができる。内縁の妻は，法定相続人にはあたらないので相続人となることはないが，死亡退職金を受け取ることができることになる。

③借金の相続と相続放棄

相続が開始すると，被相続人の財産に属した一切の権利義務を相続人が承継する（民法第896条）。

「一切の権利義務」の中には，借金も含まれる。父親が亡くなり，多額の住宅ローンが残った場合や，子どものいない兄が消費者金融から多額の借り入れをしていた場合など，そのままにしておくと相続人が借金を引き継ぐ（相続する）ことになる。

このような場合，自己のために相続が開始したことを知ったときから3か月以内に家庭裁判所で相続放棄の手続を取れば，その相続に関しては初めから相続人にならなかったものとなるので，借金を相続することはない。

2. 相続（争族）の火蓋が切られた

正子は，和夫があっという間に亡くなってしまい，心の整理がつかなかった。優しい性格の長男は，正子を励ましてくれたし，長男の妻も，何かと気を遣ってくれた。

七七忌が過ぎたある日，次男が家にやってきて，「母さん，父さんの相続はどうなっている？」と聞いてきた。相続のことにまで気が回らなかった正子は，驚いた。正子は，長男に，「父さんの財産は，私と父さんが二人で力を合わせて作ったものだから，父さんが死んだら私がもらえると思うけど」と話した。長男は，「そうだね。ボクはそれでいいと思うよ」と言ってくれた。

翌年のお正月，次男夫婦と長女夫婦が自宅にやってきて，「年も明けたことだし，そろそろ財産分けをしたい」と言い出した。

　長男が，「全部母さんでいいんじゃないの」と言うと，次男と長女が，「法律に決まりがあって子どもにも権利があるんだ。母さんには遺族年金があるし，兄さんは，父さんに援助してもらってマイホームを建てたじゃないか」と言った。

（1）相続の火種

　相続は，「争族」，つまり親族らの争いといわれることがある。民法の規定により，法定相続人は，相続により遺産を取得できると期待を持つが，被相続人の財産形成に協力した者からみれば，何もせずに財産を受け取るのは，虫がよすぎると思うことになる。

　親と一緒に生活をして仕事をした子や最期を看取った子と，親元を離れて生活していた子が，みな平等に権利があるという民法の規定をそのまま適用すると不公平だということで，紛争の火種になることがある。

（2）相続人の確定──法定相続人

　正子は，次男と長女の言葉にショックを受け，育て方を間違ったといい，泣き暮らした。しばらくして，長男の妻が，「お母さん，一度弁護士さんに相談してみたら」と言った。正子は，気を取り直して法律事務所を訪れた。

　民法の規定によると，和夫の相続人は，配偶者と子ども，つまり正子と三人の子ということになる。日本には整った戸籍制度があるので，相続人の探索は，比較的簡単である。

　結婚すると，夫婦の新しい戸籍が編成される（戸籍法第 16 条）ほか，成人に達した者が，親の戸籍から分籍（戸籍法第 21 条）することや，本籍地を移す転籍（戸籍法第 108 条）等があるため，亡くなった人の相

続人を確かめるためには，その人が，生まれたときに遡り戸籍を取り寄せて，法定相続人を確認することになる。

（3）婚外子と相続分（違憲判決）

　正子の依頼を受けた弁護士が，和夫の戸籍を遡って取り寄せると，和夫は，正子との結婚前に，市川梅子という女性との間に生まれた桜という女の子を認知していることが分かった。弁護士から，桜のことを聞いた正子は，さらに涙にくれた。

　正子の代わりに長男とその妻が弁護士事務所を訪れ，相続のことを相談した。和夫が亡くなった今となっては，市川梅子さんと和夫がどういう関係だったのか，誰にも分からなかった。弁護士は，子どもが生まれた事情が分からなくても，戸籍をみると，桜さんは認知されている，認知された子（婚外子）にも相続の権利があり，法改正がされたので他の子と同等の権利がある，子の一人当たりの相続分は8分の1になると説明してくれた。

　かつて，民法は，「嫡出でない子（婚外子）の相続分は，嫡出である子（子の父母が法律上の婚姻をして生まれた子）の相続分の2分の1とし」（民法第900条4号但書）と規定していた。この規定の根拠として，婚外子の利益を認めて相続権は認めるが，正当な結婚を尊重するために，法定相続分に差を設けたと説明されてきた。

　しかし，子にとっては，両親が結婚しているかどうかは与り知らぬことであり，それによって差別されていること，法定相続分に差を設けたからといって正式な結婚を促進できるわけではないこと等から，この規定に関しては，憲法第14条に定める法の下の平等に反するという訴訟が提起されてきた。

平成 25 年 9 月 4 日最高裁大法廷は，本規定は憲法第 14 条 1 項（法の下の平等）に違反すると判示した。その理由として，家族共同体の中でも個人の尊重が明確に認識されるようになってきたこと，父母が婚姻関係になかったという自ら選択ないし修正する余地のない事柄を理由としてその子に不利益を及ぼすことは許されないこと，子を個人として尊重しその権利を保障すべきであるという考え方が確立されたことを挙げている。

この判決を受け，民法第 900 条 4 項但書のうち「嫡出でない子の相続分は嫡出である子の相続分の 2 分の 1 とし」という部分を削除する法改正が行われた。

3.　具体的な遺産の分割

（1）各相続人の相続分

長男の妻が，「お父さんには秘密があったのねえ。ロマンチックじゃない」と笑い，「法律で決まっている以上，仕方がないじゃない。」と，正子を励ました。正子も泣いてばかりいても仕方がないと思い，和夫の一周忌までには，相続のことをきちんとしたいと決心し，もう一度，弁護士の事務所を訪れ，相続について相談した。

弁護士は，和夫の相続財産は，和夫名義の土地，建物と預金だと教えてくれた。生命保険は，死亡保険金の受取人が正子と指定されているので，相続財産には入らず，正子が受け取れるとのことだった。

和夫の相続に関しては，相続人は，配偶者（正子）と四人の子（健，剛，良子と桜）の五人である。各人の相続分は，配偶者は 2 分の 1，子の相続分の 2 分の 1 を均等に分けるので，各子の相続分は 8 分の 1 ずつとなる。

遺産分割では，和夫の残した財産を全部足した金額をそれぞれの相続

分にしたがって割り振ることになるが，自宅には，正子が住んでおり，簡単に分けることはできない。不動産については，その評価を巡って，相続人間で争いになることも多い。

（2）相続財産の評価

どういう割合で分けるかは分かったが，正子は，今住んでいる自宅をどのように評価するのか気になった。長男は，固定資産税の納付書を持ち出し，家は400万円，土地は1,000万円だと言ったが，不動産会社に勤める長女の夫が，自宅は駅にも近いし売りに出せば4,000万円は下らないと言い出した。

相続財産は，遺産分割時の価額で評価される。土地などの場合，一時期急騰しても，その後，下落している場合，遺産分割時の評価額となる。

不動産の評価の資料としては，公示価格，路線価，固定資産税評価額等々があるが，これらの価額は時価より低いことが多い。不動産の評価について，相続人間で合意できなければ，不動産鑑定士に鑑定してもらうことになる。

次男が，近所の不動産屋さんと大手不動産チェーンに自宅の査定を頼んでみようと言い出し，査定してもらった。2社の査定額はそれほど異ならず，その中間値は，土地が2,000万円，建物が500万円だった。正子，長男及び長女は，この査定額にしたがって，相続財産を評価することに同意した。

（3）生前に受けた贈与と特別受益

ようやく，遺産分けができると思った矢先，次男が，「確か兄さんは，家を建てるとき父さんから200万円援助してもらったよね。それに妹

は，僕たちが高校を卒業して働いたのに，一人だけお金のかかる私立の
音楽大学に行って，さらに留学までしたけど，そのお金父さんが出した
んじゃなかったかな」と言い出した。

確かに家を建てるとき，長男は父から200万円の贈与を受けていた。

長女の学費や留学の費用は他の兄弟に比べると著しく不公平であり，
長女は受けた教育を生かして，ピアノの先生として生計を立てているこ
となど考えると，学費や留学費用について，相続の際，何らかの調整が
必要になると思われる。

次男はさらに，正子が受け取った死亡保険金も相続財産だと言い張っ
たが，これについては，弁護士から的確な助言を得ていたので，正子は，
違うときっぱり言うことができた。弁護士に相談しておいてよかった‼

①特別受益

生前に相続人の一部が被相続人から贈与を受けている場合，そのうち，
「婚姻・養子縁組のため若しくは生計の資本としてなされた贈与」を特
別受益といい，その贈与の価額を（持ち戻して）相続財産に加える（民
法第903条1項）。こうした贈与は，遺産の前渡しと評価されるからで
ある。

「婚姻・養子縁組のため」とは，支度金や持参金等を指し，挙式の費
用は含まれない。「生計の資本」とは，住宅や田畑の贈与，独立資金等々，
生計の基礎として役立つような高額の贈与が含まれ，かなり広い範囲で
認められる。

長男が，自宅を建てる際に受けた援助は，特別受益にあたる。

さらに，長女は他の兄弟に比べて不釣り合いなほどの高等教育を受け
ているので，その学費や留学費用も特別受益にあたる。

②寄与分

　共同相続人の中には，被相続人と一緒に農業や事業活動に従事し，被相続人の財産の形成に寄与した者や，被相続人の療養看護のために尽くした者がいる。これらの事情を無視して，相続財産を「均等」に分けることは，不公平である。

　そこで，「被相続人の事業に関する労務の提供または財産上の給付，被相続人の療養看護その他の方法により被相続人の財産の維持または増加について特別の寄与をした者があるとき」は，その寄与分を相続財産から控除することができる（民法第 904 条の 2）。

4.　遺産分割協議

　正子と四人の子どもたちは，話し合った末，遺産の分け方について，ある程度の見通しを立てた。

　まず，和夫の遺産については，次のとおりと全員で確認した。

自宅	土地	2,000 万円
	建物	500 万円
預金		2,000 万円
長男への贈与（特別受益）		200 万円
長女の学費や留学の費用（特別受益）		300 万円
	合計	5,000 万円

　正子が相続するのは 2 分の 1 なので 2,500 万円相当，長男，次男，長女と桜はそれぞれ 8 分の 1 ずつなので 625 万円相当ということになり，ここから，特別受益を差し引いた額が具体的な相続分となる。

　正子は和夫と建てた家に住んでいたので，このまま住み続けたいと思ったが，家と土地を相続すると預貯金は子どもたちが分けることに

なってしまうことになる。正子の場合, 生命保険 1,000 万円があるので, なんとかなりそうだが, 場合によっては, 家はあってもお金がない状態になってしまうおそれがある。

　少子高齢化が進む中, 相続が開始された時点で, 被相続人の子どもは既に独立して生計を営んでいるので親の財産をあてにしなくてもいい反面, 被相続人の財産に頼って生活をしていた高齢の配偶者が, 遺産分割によって家や生活の糧を失う事態が生じた。

　そこで, 平成 30 年 7 月 6 日成立した改正民法は, 配偶者の居住を保護するため, 配偶者が被相続人所有の家に住んでいた場合, 配偶者居住権を取得することにより, 終身または一定期間, その建物に無償で居住できるという規定を新設した。

　なお, 上記改正民法では, 日本の社会や経済の変化に対応するため, 生活費や葬儀費用等に充てるため相続財産の中から一定額の払い戻しができること等, 相続に関しいくつかの規定を新たに設けている。

　ここで, 千葉和夫さんの相続に関し, 相続人間でどのような協議が行われているか, みてみよう。

　　　母　　　土地＋建物　　　2,500 万円
　　　長男　　2,500 万円÷4 − 200 万円（特別受益）＝ 425 万円
　　　次男　　2,500 万円÷4 ＝ 625 万円
　　　長女　　2,500 万円÷4 − 300 万円（特別受益）＝ 325 万円
　　　桜　　　2,500 万円÷4 ＝ 625 万円

　ところが, 次男は, 土地の一部でもいいから自分にも分けて欲しいと言い出した。すると, 長女も, どこの馬の骨ともしれない桜さんが自分

と同じだけ相続できるのはおかしいと言い出した。

　遺産分割協議は，全員が合意しなければ成立しないので，共同相続人のうちの1人でも反対すると，協議は成立しない。

5.　遺産分割調停の申し立て

　次男は，家庭裁判所に遺産分割調停を申し立てた。次男が申立人となり，相手方は他の共同相続人全員である。

　間もなく，裁判所から相続人全員に呼び出し状が届き，和夫の一周忌の1か月前に調停が始まった。

〈遺産分割調停〉

　「家庭裁判所は，人事に関する訴訟事件その他家庭に関する事件（別表第一に掲げる事項についての事件を除く）について調停を行うほか，この編の定めるところにより審判をする（家事事件手続法第244条）」ことになっており，相続人間で遺産分割の協議が整わない場合，家庭裁判所に遺産分割調停を申し立てることができる。

　遺産分割調停では，2人の調停委員が当事者の間に入り，①相続人，②相続財産，③相続財産の評価，④特別受益や寄与分を確認した後，具体的な分け方について話し合いを行う。

　遺産の分け方については，

　民法第906条　遺産の分割は，遺産に属する物または権利の種類及び
　　　性質，各相続人の年齢，職業，心身の状態及び生活の状況その他一
　　　切の事情を考慮してこれをする。

　という規定があるとおり，共同相続人各人の事情を踏まえ，話し合いが行われることになる。

6.　遺言書が出てきた

　遺産分割調停の呼び出し状は，桜にも届き，桜が裁判所にやってきた。桜は，調停委員に，和夫の遺言を預かっていると言った。それは封筒に入って封印されており，表には「遺言書　千葉和夫」と書かれていた。

　桜の話によると，あるとき，和夫が封書を持ってきて，この中に，自分で書いた遺言書が入っているから預かって欲しいと言い，置いていったのだという。

　遺言書の保管者（桜）は，相続の開始を知った後，遅滞なく，これを家庭裁判所に提出して，その検認を求めなければならない（民法第1004条1項）。

　検認とは，相続人に対し遺言の存在及びその内容を知らせるとともに，遺言書の形状，加除訂正の状態，日付，署名など検認の日現在における遺言書の内容を明確にして遺言書の偽造・変造を防止するための手続であり，遺言の有効・無効を判断する手続ではない。

7.　遺言の種類

　一般に利用される遺言書には，手書きで作る「自筆証書遺言」と，公証役場に行って作成する「公正証書遺言」とがある。

（1）自筆証書遺言

　自筆証書遺言は，全文を本人が手書きして，日付，名前を記入し，捺印すれば完成する。日付は，作成日が特定できるように，〇〇年〇月〇日と記入しなければならない。ただし，今回の民法改正により財産目録については，手書きで作成する必要がなくなった。自筆証書遺言は，保管が悪くて紛失するおそれや，検認が必要されるなどのデメリットはあ

るものの，手軽に作成できることが利点である。子どものいない夫婦で，妻に全財産を残したい場合には，この遺言だけでも残しておけば，相続争いを防ぐことができる。ただし，家庭裁判所での検認が必要である。なお，平成 30 年 7 月 6 日成立した法務局における遺言書の保管等に関する法律によって，法務局において自筆証書遺言の保管をする制度が新設された。

（2）公正証書遺言

公正証書は，公証役場で作成する遺言である。証人 2 人の立ち会いの下で，公証人に遺言の内容を伝え，これを公証人が読み聞かせた上で，遺言者と証人が署名・捺印をして完成させる。検認の手続きが不要である点，遺言書は公証役場に保管され紛失することがない点などで，自筆証書遺言よりも優れている。

8. 自筆証書遺言の検認手続

調停委員は，桜が持ってきた封筒をみて，遺言書は勝手に封を開けてはいけないから，検認の手続きを取るようにとアドバイスした。桜は，自筆証書遺言の検認手続きを申し立てた。裁判所から，呼び出し状が届き，正子や子どもたちが裁判所に出かけていった。

遺言書には，次のとおり書かれていた。

遺言状

1．私の全財産は，妻千葉正子に相続させる。

2．私の残した財産は，すべて妻正子と協力して作ったものなので，私の亡き後は正子が受け継ぐべきものと考える。子どもたちは私の遺言を受け入れて，遺産争いをしないようにお願いする。

3．この遺言の遺言執行者として妻正子を指定する。

平成 30 年 9 月 14 日　　千葉和夫　㊞

　正子と子どもたちは，もう一度みんなで話し合いをし，和夫の遺言通り，正子が全財産を相続することにした。遺言を残すことによって，相続を巡る紛争を防ぐことができることを知った正子は，自分の遺言について弁護士に相談しようと決心した。

7 | 家族間の紛争とその解決（3）高齢者をめぐる紛争

川島　志保

《目標＆ポイント》　私たちの生活は，一つひとつの法律行為の積み重ねによって成り立っている。家を借りる契約（賃貸借契約），会社に就職して働く契約（労働契約），預金をしたり引き出したりする契約（銀行取引契約），自動車事故に備えた保険契約，さらには，日々の買物や介護サービスも契約によって成り立っている。

契約は，自分の行為の法的な意味を理解する能力のある者の間で結ばれることが原則である。ここでは，この理解力を「判断能力」と呼ぶことにする。

判断能力のない人の結んだ契約は無効である。

高齢化に伴い判断能力が低下したお年寄りが，不必要なものを大量に買わされたり，家中のリフォームをしたり，投機性の高い商品に投資したりする等の被害を受けることが後を絶たない。

平成12年，介護保険制度が始まり，介護サービスを受ける際には，利用者（つまり高齢者自身）と事業者が契約を結ぶことが必要となった。しかし，高齢者の中には，認知症等により判断能力が低下し契約を結べない人たちがいた。そこで，これまでの「禁治産制度」を大幅に改正して新しくできたのが，成年後見制度である。

成年後見制度を概観し，実際の事例や最近の動き（意思決定支援）について検討する。

《キーワード》　判断能力，本人保護，自己決定，成年後見制度，補助，保佐，後見，鑑定，意思決定支援，高齢者虐待，財産管理，身上配慮義務，任意後見契約，任意後見監督人

1.　おばあさんがだまされた

　川口さんは，山の上地区の民生委員である。山の上地区は過疎化が進み，老人だけの世帯や一人暮らしの老人世帯が増えている。最近，この地区に住む田中松さんが，時々鍋を焦がしてぼや騒ぎを起こしているという話を聞き，松さん宅を訪れた。

　松さんの家は，ものであふれていた。部屋の隅には，小包が数十個重ねられていたが，松さんは「何だったか忘れた。」と言い，無関心だった。

　川口さんが，小包の中身を確かめると，全部着物だった。川口さんが，「こんなにたくさんの着物どうするの？」と聞くと，松さんは「年とったら着るつもりだ。」と言ったが，松さんは，これまで洋服ばかり着ており，着物を着た姿は見たことがなかった。

（1）判断能力の衰えと契約
①判断能力

　ものを買ったり，家を借りたり，銀行にお金を預けたり等，社会生活を営む上で，契約を結ぶことは不可欠である。しかし，契約を結ぶにあたっては，その内容を理解し，それによって自分にどのような権利が発生し，義務が生じるのか判断できなければならない。これを「判断能力」という。

　年をとり，認知症が進むと，判断能力が衰えていく。正しい判断ができないまま契約を結ぶと，思わぬ不利益を被ることがあるし，判断能力がないとされて契約を結ぶことができないと，本人の生活が成り立たなくなることもある。

　このような場合に，本人の判断能力を補い，本人の権利や利益を守るのが成年後見制度である。

②新しい成年後見制度の成り立ち

　新しい成年後見制度は，平成 12 年，介護保険制度の始まりとともに
スタートした。

　民法には，判断能力のない人（＝無能力者）に関して，禁治産と準禁
治産の制度が置かれていた。禁治産等の制度は，判断能力を失った本人
を保護するというよりは，取引の安全の保護（知らずに契約を結び，後
で契約の無効を主張されると取引の相手方が困る）や，家の財産を守る
制度だといわれてきた。

　介護保険制度では，介護サービスが契約によって提供されることを前
提とした制度であることから，これを利用する場合には，利用者（高齢
者）と介護サービス事業者間で契約を結ぶことが必要となった。これま
での硬直した制度を改め，新しい成年後見制度が導入された。新しい成
年後見制度では，本人保護の視点から，本人の自己決定をできるだけ尊
重し，その自己決定を支援する制度であること，したがって，支援は必
要かつ十分な範囲に限定されることとなった。

（2）成年後見制度の仕組み

　新しい成年後見制度では，ノーマライゼーション（高齢者や障がいの
ある人が家庭や地域で普通の生活ができる社会を目指すこと），本人に
残された能力を最大限活用し，自己決定を尊重するという理念に基づき，
判断能力の低下に応じ，補助，保佐及び後見の三つの類型を定めている。

①補助

　判断能力が十分とはいえないため，重要な財産に関わる行為について，
自分でできるかもしれないけれど適切にできるかどうか危惧があり，本
人の利益のためには，誰かに援助してもらった方が望ましいという場合
に，補助人が選任される。

　本人の必要に応じて，家庭裁判所の審判により，補助人には代理権（本人に代わって特定の法律行為を行う）または同意権（本人が特定の法律行為を行う場合には補助人の同意が必要とされる）が与えられる。

　軽度の認知症や知的障がい等の人の自己決定をできる限り尊重し，かつ，本人の利益を守るために利用される。そのため，補助開始の申立てには，本人の同意が必要とされている。

②保佐

　判断能力が著しく不十分なため，重要な財産に関わる行為について，自分で適切に行うことができない場合，保佐人が選任される。

　民法第13条1項に掲げられた重要な財産行為（借財や保証をすること，不動産の売買，新築や増改築，遺産分割等）については，保佐人の同意が必要とされるほか，必要に応じて，同意権や代理権が家庭裁判所の審判によって与えられる。

　例えば，保佐人に銀行取引の代理権を与えることにより，銀行口座を保佐人が管理し，月々決まった金額を本人の銀行口座から引き出して毎月の生活費として本人に渡すという方法を取れば，本人の生活を維持し本人が消費者被害に遭うことを防ぐことができる。

③後見

　重度の知的障がいや精神障がい，認知症等により，判断能力を失っている場合，後見人が選任され，後見人が本人に代わってすべての法律行為を行う。

　しかし，残存能力を活用し自己決定を尊重するという理念に基づき，日用品の購入その他日常生活に関する行為については，本人ができること（民法第9条），本人の意思を尊重し心身の状態及び生活の状況に配慮すること（民法第858条）の規定がある。

2. 成年後見人選任の手続

　川口さんから相談を受けた村役場高齢課の大宮さんが，松さんの娘に連絡をして町の病院に連れて行ってもらった。医師から，松さんはかなり進んだ認知症だとの診断を受けた。しかし，松さんは絶対にこの家を離れないと言い張り，娘も，自分には夫や子どもがいるので，松さんを引取るわけにはいかないと言った。そこで，大宮さんは，近くに妹の竹さんが住んでいることだし，ホームヘルパー派遣やデイサービスなどの介護サービスを利用して，一人暮らしを続けたらどうか，そのためには，松さんに成年後見人を選ぶ必要があると説明した。

（1）申立ての手続

　松さんの場合について検討するので，ここでは，後見類型を中心に話を進めることにしよう。

①申立てのできる人

　家庭裁判所に対して，成年後見人選任を求める手続（後見開始申立）ができるのは，本人，配偶者及び4親等内の親族（親，子，孫，兄弟姉妹，祖父母，叔父叔母，従兄弟姉妹等）民法第7条に定められた人に限られる。

②申立ての書類

　申立書は，家庭裁判所に用意されており，裁判所のホームページからのダウンロードも可能である。添付書類としては，戸籍謄本や診断書（本人の判断能力に関する医師の診断書）等のほか，本人の財産に関する資料（財産目録と預貯金通帳や年金通知書等のコピー，不動産登記簿謄本等）が必要とされる。

③鑑定

　裁判所は，「成年被後見人となるべき者の精神の状況につき鑑定をしなければ，後見開始の審判をすることができない。」（家事事件手続法第119条1項）とされているが，「明らかにその必要がないと認めるときは，この限りでない。」（同項但書）とされ，介護認定等から重度の認知症である場合や，療育手帳等から重度の知的障がいの場合には，鑑定は省かれることがある。実際には鑑定が行われるのは全体の10%に満たない。

（2）後見開始審判と成年後見人の任務

　裁判所が，本人について後見開始を相当と判断すると，後見開始審判がされ，同時に成年後見人が選任される。成年後見人には，親族等の身内が選任される場合と，第三者の専門職（弁護士，司法書士や社会福祉士等）が選任される場合がある。年々第三者後見人の割合は増えており，令和2年1月から令和2年12月までの統計によると，親族の後見人は全体の19.7%にとどまり，80.3%が第三者後見人となっている（最高裁判所事務総局家庭局「成年後見関係事件の概況－令和2年1月～令和2年12月－」）。親族間に紛争がある場合や資産が高額な場合等には，第三者後見人が選任されることが多い。

　成年後見人が選任されると，東京法務局に備えられている後見登記簿に後見が開始されたことや後見人の氏名・住所等が登記される。

　成年後見人に選任されると，本人の財産を調査し，財産目録を家庭裁判所に提出しなければならない（民法第853条1項）。財産目録提出前は，「急迫の必要がある行為のみをする権限」しかない点に注意が必要である。

（3）成年後見制度の利用実態と意思決定支援

　令和元年版高齢社会白書（図7－1）によると，日本の総人口に占め
る65歳以上の人の割合（高齢化率）は令和2年では，28.9%（推計値）
であり，65歳以上の高齢者人口は3,619万人（推計値）である。また，
平成24年の認知症有病者は462万人であり，2025（令和7）年の認知
症有病者は700万人と推定されている。にもかかわらず平成31年1月
から令和元年12月までに成年後見等の申立数は35,959件という僅かな
数にとどまっている（図7－2）。その背景には，本人の意向を十分に
配慮せずに財産管理に偏りがちな成年後見事務のあり方に対する不信が
ある。

　平成28年5月に施行された成年後見制度利用促進法は，成年後見制
度の利用促進について，基本理念を定め国や地方公共団体等の責務等を
明らかにしている。令和2年10月には「意思決定支援を踏まえた後見
事務のガイドライン」が発表され，後見人等が適切に事務を行うことが
できるよう，求められる役割を具体的に示している。

　＊　**意思決定支援とは**

　　特定の行為に関し，本人の判断能力に課題のある局面において，
　本人に必要な情報を提供し，本人の意思や考えを引き出す等後見人
　等を含めた本人に関わる支援者らによって行われる，本人が自らの
　価値観や選好に基づく意思決定をするための活動

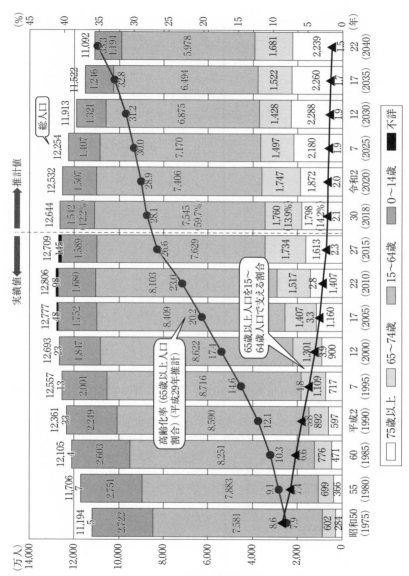

図7－1　高齢化の推移と将来推計

（内閣府：高齢化の現状と将来像より抜粋作図）

https://www.8.cao.go.jp/kourei/whitepaper/w-2019/html/zenbun/s1_1_1.html

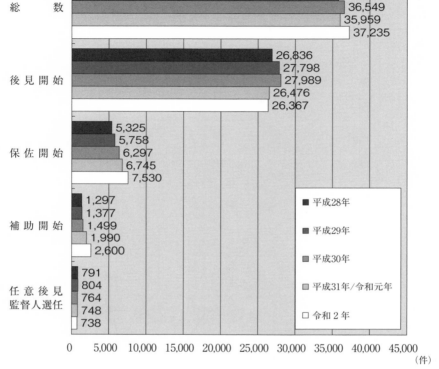

（注）各年の件数は,それぞれ当該年の1月から12月までに申立てのあった件数である。

図7−2　最高裁判所「成年後見関係事件の概況」

令和2年1月〜12月

（最高裁判所事務総局家庭局より）

3.　高齢者虐待と成年後見制度

（1）お金のある高齢者を引取る子どもたち

　松さんの娘が，成年後見の申立ての準備を進めるうちに，松さんには，預金が1億円もあり，2か月ごとに遺族年金として42万円を受け取っていることが分かった。

　急に娘が，松さんをどうしても自分の家に引取ると言い出し，ある日，嫌がる松さんを連れてどこかに行ってしまった。

　戦中戦後を生きてきた高齢者の中には，贅沢を嫌い質素に暮らしてきたため，かなりの資産を形成している人がいる。親の資産を当てにして，子どもたちが生きている親をそっちのけにして親の財産を奪い合うケースが後を絶たない。

（2）高齢者の虐待と高齢者虐待防止法

　ある日，川の下町で，道ばたに倒れていた松さんが見つかり，救急車で病院に運ばれた。一緒に暮らしている松さんの娘とはなかなか連絡が取れなかった。松さんは，やせこけ，脱水症で，体のあちこちには，打撲の後があった。

　ようやく病院にやってきた娘に医師が事情を聞くと，娘は，「昼間は仕事があるので，昼ご飯を作って松さんを部屋に置いて出かけている。」，松さんのけがは，「自分で転んだのだろう。」と説明した。医師は，自分で転んでできる場所の傷ではないことから，松さんは殴られているのではないかと疑った。

　その後，娘は，病院には一度も見舞いに訪れなかった。退院後のことについて相談したいと病院から連絡を取っても来ないばかりか，松さん

の医療費の支払いもしなかった。川の下町の高齢課松戸さんは，病院から松さんは虐待の疑いがあると言われた。

　急速に進む高齢化に対して，介護サービスを提供するための社会資源が整っているとはいえず，介護疲れによる虐待，介護のために仕事を辞めた子どもが親の資産に頼って生活をするうちに親の財産を侵害する例，老人施設等での劣悪なサービスや虐待等，悲惨な高齢者虐待は後を絶たない。平成18年4月1日から施行された高齢者虐待防止法には，虐待の定義規定，通報義務に関する規定，市町村が事実確認した場合の措置（一時的な保護や後見開始審判請求）や立ち入り調査に関する規定等が，置かれている。

＊　高齢者虐待とは

　高齢者虐待防止法は，虐待する者として，高齢者を現に養護する者（親族等，高齢者の世話をしている人）と，養介護施設従事者等（施設で高齢者の世話をする人）を挙げ，高齢者虐待を次のとおり定義している（同法第2条4項，5項）。

ア　身体的虐待

　高齢者の身体に外傷が生じ，または生じるおそれのある暴行を加えること。

イ　ネグレクト

　高齢者を衰弱させるような著しい減食または長時間の放置。

ウ　心理的虐待

　高齢者に対する著しい暴言または拒絶的な対応。

エ　性的虐待

　高齢者にわいせつな行為をすることまたはさせること。

オ　経済的虐待

高齢者の財産を不当に処分することその他高齢者から不当に財産上の利益を得ること。

松戸さんは，松さんの妹に連絡を取り，町役場に来てもらった。妹の竹さんは，すっかりやせこけおどおどした松さんの姿を見てびっくりした。松さんの様子から，身体的虐待（あざがある），ネグレクト（すっかりやせこけていた）及び心理的虐待（おどおどしている）が疑われた。

（3）高齢者虐待に対する市町村の対応と市町村長申立て

高齢者虐待防止法は，高齢者虐待の届出や通報を受けた場合には，老人ホーム等への入所（老人福祉法第11条1項2号「やむを得ない措置」）や，後見等開始審判を申立てるべきこと（老人福祉法第32条，市町村長申立）を定めている。

・市区町村長申立て

後見開始の申立ては，4親等内の親族等が行わなければならないが，身寄りのない人や虐待を受けている人の場合，4親等内の親族からの申立ては期待できない。そこで，老人福祉法32条は，「65歳以上の者につき，その福祉を図るため特に必要があると認めるとき」，市町村長がこの申立てをすることを定めている。同様の規定は，知的障害者福祉法や精神保健福祉法にも置かれている。

市区町村長申立ての件数は年々増加しており，令和2年1月から令和2年12月までの統計によると，全体の23.9％（7,837件）となっている（最高裁判所事務総局家庭局 「成年後見関係事件の概況－令和2年1月～令和2年12月－」）。

4. 成年後見人の仕事

　松さんは，娘に預金通帳を取上げられ，毎日 500 円をもらって生活をしていたという。松さんが預金通帳を返して欲しいと娘さんに頼んだら，娘に大声で怒鳴られ，蹴飛ばされたという。松さんは恐ろしくて，それからは娘の言いなりになっていた。松さんの認知症はかなり進んでおり，自分の財産がどれだけあるのかも分からない様子で，「お金がなくなった。」と繰り返すばかりだった。

　妹の竹さんが申立人となり，松さんの後見開始申立てがなされた。虐待ケースだったので，第三者の専門職後見人として，東かおり弁護士が松さんの成年後見人に選任された。

（1）財産管理
　本人は判断能力を失い，自分の財産を管理することができないので，成年後見人の仕事の一つは，本人の財産管理（民法第 859 条）である。

　虐待のケースでは，虐待している親族等から本人の預金通帳等を引渡してもらえないことが多い。このような場合には，後見の登記事項証明書を取寄せ，金融機関等にそれを示し，本人の財産を開示してもらい，調査することになる。

　東弁護士の努力により，松さんには，4,000 万円の預金と遺族年金（2か月ごとに 42 万円）があることが分かった。引き出された 6,000 万円の預金がどうなったのか，娘に聞いても，「母からもらった。」とか「母のために使った。」とか言うばかりで，はっきりしなかった。

　例え親子であっても，他人の預貯金を勝手に引き出す行為は，許されない。東弁護士は，娘に 6,000 万円を返すように求めた。しかし，戻って来たのは 2,000 万円だけだった。

　東弁護士は，4,000 万円の預金と年金が振り込まれる銀行口座を「田中松成年後見人東かおり」と改め，娘から戻された 2,000 万円もその口座に預け入れ，以後，松さんのお金を管理することとした。

（2）身上配慮義務（民法第858条）

　新しい成年後見制度では，成年後見人には，本人の意思を尊重する義務と，本人の身体，生活，健康等に配慮する義務が課せられている。

　成年後見人には，本人の財産の範囲内で，利用する介護サービスや，施設入所の契約を結び，本人の生活を見守ることが求められるのである。

　東弁護士は，松さんのこれからの生活について検討することにした。松さん，妹の竹さん，村役場の高齢課の職員，ケアマネージャー，主治医や民生委員に加わってもらって，時間をかけて丁寧に説明をして松さんの希望を聞くと，松さんは家に戻りたいと言った。そこで，松さんには，まず家をかたづけることに同意をしてもらい，松さんと一緒に家をきれいにした上で，東弁護士が成年後見人として自宅で過ごすために必要な配食サービス，ホームヘルプサービス，デイサービスや訪問診療等の契約をした。

　松さんが施設で暮らすことを希望した場合，成年後見人は，本人が亡くなるまで落ち着いた暮らしができるように考えて施設を選ぶ必要がある。

　施設には，認知症高齢者のグループホーム，特別養護老人ホームや，

有料老人ホーム，老健施設等々があり，入所にあたって一時金が必要な施設や，希望してもなかなか入れない施設もある。本人とともに施設を訪れるなどして終の棲家を決めることが求められる。

5. 任意後見制度

竹さんは，東弁護士のてきぱきとした仕事ぶりをみて，自分が認知症などで，物事の判断ができなくなったときには，是非東先生に財産管理や日常生活のための支援をお願いしたいと思った。

（1）任意後見契約

新しい成年後見制度が始まった平成 12 年 4 月，任意後見契約に関する法律も施行された。

この法律により，本人が判断能力を有しているうちに，将来，自分の判断能力が不十分になった場合に備えてあらかじめ特定の人に，生活，療養看護，財産の管理等の代理権を与える契約を締結することができることになった。なお，任意後見制度に対して，裁判所が後見人を選任する制度を法定後見制度という。

任意後見契約は，本人の真意に基づいて適正かつ有効な契約が締結されること，契約書の改ざんや紛争予防の観点から，公証人の作成する公正証書によることが必要とされる。

（2）任意後見と自己決定の尊重

任意後見契約では，自分の選んだ人に自分が必要とする限りでの代理権を与えることができる点，任意後見が開始した後も本人の行為能力（有効に法律行為を行う能力）が失われるわけではない点において，自己決定を尊重した制度であるといわれている。

（3）任意後見制度の仕組み

①任意後見監督人

　任意後見契約は，契約を結んだ時点では，何の効力も生じない。本人の判断能力が衰えてきた場合，本人や，任意後見人になる者（任意後見受任者）等の申立てによって，家庭裁判所が任意後見監督人を選任する。任意後見監督人が選任された後，初めて任意後見人として，代理権の範囲内で後見事務を行うことになる。

②代理権の範囲

　代理権の範囲は，任意後見契約を結ぶ際に定められる。不動産の管理，銀行取引，生活費の送金，介護契約その他の福祉サービス利用契約等々，任意後見人に任せたい事務をすべて挙げることになる。任意後見契約には，「代理権目録」が添付されており，これによって任意後見人の代理権の範囲が明らかになる。

　竹さんは，東弁護士から，任意後見制度について説明を聞き十分に理解した後，東先生と一緒に公証人役場に行き，山下公証人に依頼して任意後見契約を結んだ。竹さんは，これで自分が認知症になっても安心だと心強く思った。これからの世の中は，黙っていれば誰か助けてくれるのではなく，自分でできることは自分でしなければならないとつくづく思った竹さんだった。

8 障害のある人の権利と差別を めぐる紛争とその解決

徳田　暁

《**目標＆ポイント**》　障害者権利条約批准に向けた日本国内の障害福祉法制の改正と制定の流れを理解しながら，実際に，市民生活の中で，障害のある人に関して，どのような事件や問題が生起しているかを概観し，障害者権利条約の理念や，これを取り入れた国内の障害福祉法が，その解決に果たすべき役割について，具体的な事例をもとに解説する。

《**キーワード**》　障害者権利条約，障害者差別解消法，障害者基本法，社会モデルの障害観，社会的障壁の除去，合理的配慮，共生社会，障害者自立支援法違憲訴訟，応益負担，障害者総合支援法，障害者の逸失利益，直接差別，間接差別

障害者の人口〜なぜ，違いがあるのだろう？
・世界保健機構（WHO）：
　　世界の全人口の10%　6億人（国際障害分類［ICIDH］）
　　世界の全人口の15%　10億人（国際生活機能分類［ICF］）
・日本の統計：人口の6%　約787万9,000人
　　知的障害者：74万1,000人
　　精神障害者：320万1,000人
　　身体障害者：393万7,000人（ただし，高齢者施設入所者は含まず）

1.　市民の中の障害観

（1）障害の克服・更生という考え方

　例えば，パラリンピックと聞いて，多くの市民の方はどのような印象を持つだろうか。長野パラリンピックを契機に，マスコミ等では障害者スポーツをスポーツとしてとらえる報道も見られるようになり，東京2020パラリンピックを前に，そのような報道が増えてきたが，日本ではまだまだ，障害というハンデを乗り越えた美談的にとらえる人が多いのではないだろうか。

　しかし，日本も署名，批准し，平成25年2月から国内法的効力が生じている障害者権利条約や平成23年8月に改正法が施行された障害者基本法，平成28年4月から本格施行された障害者差別解消法等が採用している障害に関する社会モデルの理念からすれば，障害をハンデであり，克服するものであるととらえること自体が問題であるといえる。むしろ，障害者権利条約や障害者差別解消法が採り入れた「合理的配慮義務違反」＝「差別」という考え方によれば，パラリンピック（ひいては，知的障害者のスペシャルオリンピックやろうあ者のデフリンピック等の障害者スポーツ）の存在は，障害のある人も障害のない人も平等に競技者として競技するための合理的配慮に過ぎず，いわば男女の違いや階級の違い，種目の違い等と同様のカテゴリーの違いに過ぎないものであり，オリンピックとの違いはないはずである。

　つまり，ハンデの克服ではなく，アスリートとして当該競技を極めようという姿勢や高い技術，身体的な能力自体が賞賛されるのである。

（2）共生社会の未成熟

　話は変わって，平成28年7月26日，神奈川県相模原市の障害者支援

施設において，同施設の元職員であった加害者がガラスを割って施設内に侵入し，障害のある利用者及び施設の職員を包丁等で刺して19人を死亡させ，27名（内3名は施設職員）を負傷させるというたいへん悲惨な事件が発生したことを覚えている人も多いだろう。この事件においては，加害者の優生思想と措置入院歴がクローズアップされ，その特異性が大きく報道されたが，他方で，特異な加害者による特別な事件ととらえるべきではなく，むしろ事件の発生は日本社会の縮図であるということもいわれている[1]。障害者権利条約や障害者差別解消法が存在する現在においても，住宅街に障害のある人の入所施設を作ろうとすると必ずといってよいほど反対運動が起こることからも推察されるように[2]，かつての障害者施設は山奥に作られることも多く，この相模原市の施設も例に漏れない。この相模原市における事件では，障害のある被害者の実名が報道されなかったが[3]，同様の事件で障害のない人が被害者であったとしたら実名が報道されないことはなかったであろう。なぜ障害のある人の施設は山奥にあるのか。なぜ障害のある人の実名は報道されなかったのか。障害のある人の家族に実名で取材を受けることへの躊躇があるとすれば，それはなぜか。加害者の優生思想が形成された背景には，実は，意識的であるか無意識的であるかに関わらず，こうした障害を特別のものとしてとらえる障害観，すなわち共生社会の未成熟があるとも考えられるのである[4]。

（3）障害者という概念の曖昧さ
①世界保険機構における障害者の概念

　それでは，障害並びに障害者とは何なのだろうか。一般的には，「障害」とは，精神や身体の機能が何らかの原因で十分に機能しないこと，またはその状態をいう。そして「障害」により，長期にわたり日常生

活や社会生活に相当な制限を受ける者が「障害者」である。このように，「障害者」を「機能障害（インペアメント）」，「能力障害（ディスアビリティ）」，「社会的不利（ハンディキャップ）」の三つの次元により考察する障害観は 1980 年，世界保健機構（WHO）による国際障害分類（ICIDH）により示されたが，これによれば，世界の全人口の 10％は障害者でありその数は約 6 億人といわれている。また，世界保健機構は2001 年，この国際障害分類の考え方をさらに発展させ，「能力障害」と「社会的不利」を招く要因として，「機能障害」だけでなく，「活動」と「参加」という社会的環境因子があり，人間と環境との相互作用により生活機能に何らかの支障が生じる場合を広く障害ととらえる国際生活機能分類（ICF）を採択したが，これによれば，世界の全人口の 15％にあたる 10 億人が障害を持って暮らしていることになるともいわれる。

②日本における統計調査

　しかし日本においては，平成 23 年の障害者基本法の改正により，「障害者とは，身体障害，知的障害，精神障害（発達障害を含む）その他心身の機能の障害がある者であって，障害及び社会的障壁により継続的に日常生活又は社会生活に相当な制限を受ける状態にあるものをいう。」（同法 2 条 1 項）と，社会的環境因子を考慮するいわゆる社会モデルの障害者の定義が採用されることとなったものの，長らく個人の属性である機能障害を重視し，障害を「知的障害」「精神障害」「身体障害」の三つに区分してとらえて発達障害や難病，慢性疾患に伴う障害の位置づけが曖昧だった。その結果，日本の障害者数は，統計上全人口の約 6％である約 787 万 9,000 人（知的障害者：74 万 1,000 人。精神障害者：320万 1,000 人。身体障害者：393 万 7,000 人。ただし，高齢者施設入所者は含まず）に止まっているのである[5]。

③障害者概念の相対性

　すなわち，障害者という概念自体に何か決まったものがあるわけではない。国によっても，障害のある人に関する制度の目的によっても，その定義は異なっているし，時代や社会の変遷により，障害者とされていた者が障害者でなくなることもある。

　例えば，障害者権利条約や障害者基本法等の理念法の関係では障害の概念は広くとらえられるのに対し，年金等の社会保障の関係では障害の概念は狭くとらえられる傾向がある。また，身近な例で言えば，近視や遠視の人は眼鏡等で視力を矯正できるため，現在の社会的環境的な因子の下では障害者とされることはないが，その昔，眼鏡等の視力を矯正する道具がなかった時代においては障害者となろう。

　さらに言えば，障害のある人の中でも，自分の障害に対するとらえ方は大きく異なっている。障害のあることを不幸，ハンデであると感じている人もいれば，重度の障害があっても積極的，精力的に社会参加をしている人もいる。長年，施設の中での生活を余儀なくされている人もいれば，自立した地域生活により，自己実現をしている人もいる。

　こうして考えていくと，障害者という概念は絶対的なものではなく，社会や制度，時代，ひいては障害の種類や程度，本人の価値観等によっても変わる相対的な概念であって，誰しもが社会との関係性の中，障害者になる可能性があり，何も異質なものではない。

　したがって，当然，障害のある人に関する裁判も特別なものではなく，市民生活の中のいつ生起してもおかしくないものである。

④小括

　障害者権利条約の国内的効力が発効した今，障害のある人に関する法律問題としては，例えば，障害者虐待防止法に基づく障害者虐待からの救済と対応の問題，改正障害者雇用促進法と雇用現場における差別の問

題，教育における平等と機会の保障の問題，障害年金の適正受給の問題，家族介護の是非と介護保障の問題，精神科病院への社会的入院と退院請求の問題，措置入院の保安処分化，社会的入院の問題，成年後見制度と意思決定支援の問題，親亡き後の問題，罪に問われた障害者の刑事弁護・更生支援の問題等，課題が山積している状況である。もっとも，これら課題を網羅的に取り上げることはかなわず，次項以下では，障害者権利条約の批准に向けた日本の障害者福祉法制の改正，制定の流れを概観した後，特に障害者の差別や差別解消法に関わる身近な事例を通して，社会における障害観，障害のある人に対する差別とは何かということを考えてきたい。

日本の障害者福祉法制の改正，制定の流れ

H11	民法改正，H12 成年後見制度スタート
H15	措置制度から支援費制度へ
H18	障害者自立支援法施行
H19	障害者権利条約日本署名
H23	障害者基本法改正
H24	障害者虐待防止法施行
H25.4	障害者総合支援法施行（障害者自立支援法改正）
H25.6	障害者差別解消法成立，障害者雇用促進法改正，精神保健福祉法改正
H25.12	障害者権利条約，日本批准
H26.2	障害者権利条約，日本で発効
H28.4	障害者差別解消法，障害者雇用促進法改正部分施行
H28.6	障害者総合支援法の改正
H30.4	成年後見制度の利用促進に関する法律施行
R3.5	障害者差別解消法改正

2. 障害法に関する法制定の経緯

（1）従来の障害福祉政策

　従来日本においては，障害者は保護の「客体」と位置づけられ，障害福祉サービスの内容は，行政の「措置制度」によって決められていた。

　「措置」とは市町村が障害福祉サービスを必要とする人に行政処分[6]として福祉サービスを提供することであり，福祉は行政からの恩恵的なものに過ぎないこととなるから，これによれば，障害のある人が権利として障害のない人と同等に生活するための障害福祉サービスを選択し，受けることはできない。また，実際の障害福祉サービスを提供する事業者は市町村より委託を受けているので，障害のある人は，福祉事業者とも対等な当事者関係を築くことは困難であった。

　すなわち措置制度は，障害というのは特別に保護しなければならないものであり，その発生を予防し，あるいは，発生した障害は訓練により更生する必要があるという発想に根ざしている。

（2）措置から契約へ（社会福祉政策の構造改革）
①高齢福祉の分野

　そうした中，平成12年に民法が改正され，成年後見制度がスタートするとともに，まずは，高齢福祉の分野で介護保険制度が発足した。介護保険制度とは，介護が必要であると認定されたときは，事業者と利用者の直接契約により介護サービスを受けることを前提に，利用者が事業者に支払う費用は，40歳以上の人全員が被保険者（保険加入者）となって保険料を負担する介護保険から賄われ，利用者自身は，費用の一部だけ負担し，介護サービスを利用する制度である。

②障害福祉への波及

　このような「措置」から「契約」への流れは，高齢福祉の分野から障害福祉の分野にも波及し，平成 15 年には，身体障害者及び知的障害者の障害福祉サービスについても，事業者との契約に基づいて障害福祉サービスの提供を受け，市町村から，利用するサービスにかかる支援費の支給を受けられる「支援費」の制度が導入された。

　また，平成 18 年に，身体障害，知的障害，精神障害等の制度間格差を解消すること，障害福祉サービスの実施主体を市町村に一元化すること，障害程度区分を導入して公的な費用負担におけるサービス支給量の上限を画し，契約によるサービス利用料の原則 1 割について自己負担とすることを標榜した「障害者自立支援法」が施行された後，平成 25 年からは，障害者自立支援法における，㋐「自立」支援という考え方を「基本的人権を享有する個人としての尊厳にふさわしい日常生活または社会生活」を支援するという考え方に改めるとともに，㋑障害福祉サービスを利益と見なし，必要な障害福祉サービスの原則 1 割を障害当事者に負担させる「応益負担」の考え方を，負担能力に応じた負担をすればよいという「応能負担」の考え方に改め，㋒一定の難病を加えた「障害者総合支援法」が施行されている[7]。

③「契約化」の帰結

　ここで，契約化がもたらす帰結を見てみると，契約とは，対等な当事者同士が自分の意思で約束事をし，お互いがその契約内容に応じた権利・義務を負うことであるから，障害福祉サービスを利用する当事者は，自分が主体となって障害特性に応じた福祉サービスの内容を選べ，事業者にも対等な当事者として権利等を主張することができるようになる点で従来の措置制度とは異なり，障害のある人の権利擁護につながるものである。

　しかし，他方で，義務を負うことにもなるのだから，自分で契約の内容と生じる効果をきちんと理解していることが必要となるところ，障害のある人は十分な判断をすることが苦手であったり，行動することができなかったりする人も多い点で，障害福祉サービスは契約化にはそぐわないとも思える。

　そこで，成年後見制度における，後見人，保佐人，補助人による適切な意思決定の支援があってこそ，措置から契約化の意義が生かされることになろう[(8)]。その意味では，成年後見制度は単なる民法上の財産管理のための制度ではなく，十分な福祉サービスを受ける前提となる福祉的な制度であることを押さえる必要があるのである（成年後見制度の福祉法化と意思決定支援の重要性）。

（3）障害者権利条約の採択
①障害者権利条約の理念

　さて，「措置」から「契約」へという障害福祉サービスの大きな構造転換が日本の中である一方，世界的には，「女性」に着目した女性差別撤廃条約や「子供」に着目した子どもの権利条約と同様，「障害」に着目した人権条約を作るべきであるという潮流のもと，平成18年12月13日，国連総会で「障害者の権利に関する条約（障害者権利条約）が採択された。

　障害者権利条約は，障害のある人に対する差別や偏見の解消，及び障害のある人が「そのままの状態で」尊重されることを基軸に，「他の者との平等を基礎として（すなわち，障害のある人に特別の新しい権利を付与するものではない）」，26項目にわたる具体的な権利を定めているが，ここで特に押さえておくべきポイントとなるのは，㋐障害者権利条約においては，障害の概念に関する社会モデルが採用されているという

点，④その帰結といえるが，合理的配慮がなされないことが差別であることを明確にされた点，であろう。

②社会モデルの帰結

　この点，「社会モデル」とは，前記第 1 −（3）− ①（P.120）の世界保健機構の国際生活機能分類においても明らかにされているものであり，障害は，個人的な心身の機能障害だけでなく，機能障害に対して社会が作り出したバリアとの相互作用によって日常生活等が制限を受ける状態をいうという考え方である。かかる「社会モデル」による障害観を前提とすれば，障害というのは障害のある人の持つハンデに対する社会的な無理解や無配慮が本質ということになるから，障害を持たない人のほうで，障害を持つ人のハンデや不便を取り除くための配慮をすべきだということになる。

　これに対する概念である「医療モデル」とは，障害を個人の問題としてとらえ，病気や事故その他の個人的な原因に基づく心身の機能障害とする考え方であり，「医療モデル」による障害観を前提とすれば，障害はあくまでも個人的な疾病ないし遅滞であり，悪いことであるから，障害のない人と同じようになるために，障害のある人の側が障害を治し，取り除く努力をすべきであるということになる。

③合理的配慮をしないことが差別であること

　次に，障害者権利条約は第 5 条 2 項において，「締約国は，障害を理由とするあらゆる差別を禁止するものとし，いかなる理由による差別に対しても平等かつ効果的な法的保護を障害のある人に保障する。」と規定して，障害に基づく差別を正面から禁止しているが，国際人権条約の中でも，「障害者」の権利擁護に着目し，その差別の禁止に言及したものはあまり見あたらない。日本国憲法を見ても，第 14 条は平等原則を定めるが，そこに障害者の差別は明記されていないのである。

さらに障害者権利条約では第2条において，障害に基づく差別は「合理的配慮を行わないことを含むあらゆる形態の差別をいう」こと，合理的配慮とは「障害者が他の者との平等を基礎として，すべての人権及び基本的自由を享有し，又は行使することを確保するための必要かつ適当な変更及び調整であって，特定の場合において必要とされるものであり，かつ，均衡を失した又は過度の負担を課さないものをいう」ことを規定しているところ，このように合理的配慮をしないことが差別にあたるとされたことは，国際人権法上も初めてのことであり，今後の人権法にも影響を与える新しい概念といえよう。

（4）障害者権利条約批准までの国内における動き
①障害者権利条約批准の遅れ

日本政府においても平成19年9月28日に障害者権利条約に署名（全権大使の記名調印）していたが，当時の日本の障害福祉法の内容は障害者権利条約の理念に追いついておらず，国内法の整備をしないまま障害者権利条約を批准した場合には，まったくの骨抜きになる懸念があったことから，まずは国内法の整備を進める必要があった。

そのため，日本の障害者権利条約の批准は大幅に遅れ，平成25年12月4日になってようやく，障害者権利条約の批准に向けた国会承認が決議され，平成26年2月19日から国内法的効力が生じることとなったのである。

②主な法整備の状況

具体的には，障害者権利条約への署名から批准までの間，平成23年に障害者基本法の改正，同24年に障害者虐待防止法の施行，同25年には障害者総合支援法への改正，障害者雇用促進法の改正，障害者差別解消法の成立（平成28年4月から本格実施）等の法整備の動きがあった。

　すなわち，前記第 1 -（3）- ②（P.121）でも述べたとおり，障害者基本法の改正では，社会モデルの障害観が採用されたほか，同法第 4 条においては，差別の禁止と社会的障壁の除去の実施についての必要かつ合理的な配慮がされなければならないことが規定されている。また，障害者差別解消法にも社会モデルの障害観や合理的配慮義務が採り入れられたことで[9]，日本においても，ようやく，障害者は治療や保護の客体ではなく，人権の主体としてとらえられることになったのである。

3.　障害のある市民が当事者となった裁判

（1）障害者自立支援法違憲訴訟

　それでは，近時の障害のある人が当事者となった紛争，裁判の例としてはどのようなものがあり，障害者権利条約や整備された日本の障害福祉法制の中で，その結論や判断の枠組みについては，どのように考えるべきであろうか。

　まず，必ず紹介しなければならない事案としては，障害者自立支援法違憲訴訟があろう。障害者自立支援法は，その制定過程から，障害のある当事者の「私達のことを私達抜きに決めないでほしい」という強い反対意見と慎重審議の声があったにもかかわらず，強硬裁決された法律である。そのため成立直後から全国各地で反対集会が開催されて，反対運動は広がっていき，平成 20 年 10 月第一次提訴，同 21 年 4 月第二次提訴，同年 10 月第三次提訴，全国 14 の地裁で合計 71 名が原告となる集団訴訟となった。

①社会モデルの障害の理念に逆行する法律

　この法律の問題点は多数にわたっているが，主要な争点としては，いわゆる応益負担制度（地域で生活するために必要不可欠な支援全般について，サービス＝利益とみなして，原則 1 割負担を課す制度）の是非である。

　すなわち応益負担制度は，より多くの支援を必要とする障害が重い人ほど自己負担する費用が増える制度設計となっている。「お体が不自由な人はお体が不自由な分だけお金を払いなさい」という逆累進的な制度を採用しているのは世界のどこを見ても日本しかなかった。

　また，このような応益負担の制度は，トイレ，会話，読書，外出…，障害のない人であれば負担することのない，生きていくためにあたり前のことについて特別の負担金を課すのと同義であるといえ，障害という「社会的身分」に着目した差別として平等原則違反（憲法第14条）ではないか。すなわち障害というのは，先天的なものから，疾病，事故，老齢等により，誰にでも生じ得るものであるから，いわゆる社会モデルの障害観，ならびに，社会的な障壁について合理的な配慮をしないことは差別であるという理念からすれば，かかる費用は社会全体で負担すべきことになるはずである。

　そして，自己実現と自己決定の前提となる，生きていくための支援，あたり前の暮らしを営むための支援に利益として負担金を課すことの違和感。すなわち，車いす，白杖，補聴器，手話通訳，介護ヘルプ，トイレ，外出，買物，地域で生活するために必要不可欠な支援全般について，サービス＝利益とみなして1割負担を課している点で，応益負担制度は個人の尊厳（憲法第13条）を侵害している。

　さらに，月6万円から8万円程度の障害基礎年金で暮らしている障害のある人も多く，つまり，親などの援助の下で，「健康で文化的な最低限度の生活」である生活保護基準以下の生活水準を余儀なくされている者から，さらに生活に必要不可欠な支援にかかる利用料の1割を削り取ることは生存権侵害（憲法第25条）として許されないのではないか。福祉工場や小規模作業所で働くにも利用料が発生し，1割の負担金が課されたことから，働くためにお金を払わなければならないのは勤労の権

利違反（憲法第 27 条）ではないか等の点も争点となった。

②基本合意の成立

　その結果は平成 22 年 1 月 7 日，国（厚生労働省），原告団・弁護団との間で次の内容の基本合意が成立し，各地の訴訟は和解で終了したが，障害者権利条約の理念からすれば当然といえよう。

（基本合意の内容）
・国は違憲訴訟の意義を理解する。
・障害者自立支援法を平成 25 年 8 月までに廃止する。
・速やかに応益負担制度を廃止する。
・新たな障害福祉制度は憲法等に基づく障害者の基本的人権の行使を支援するものとする。
・障害者自立支援法を総括，反省し，国は憲法第 13 条，第 14 条，第 25 条等に基づく違憲訴訟団の思いに共感し，真摯に受け止める。
・国は自立支援法が障害者の人間としての尊厳を深く傷つけたことに対し心から反省し，その反省を踏まえて今後の施策を立案し実施する。

　しかし平成 24 年に成立した障害者総合支援法は，障害者自立支援法を一部改正するに止まるもので，その内容も，医療モデルの障害観のままであった。また，支援の対象とならない障害者が残された点，社会参加・地域生活等の個別のニーズに対応した支給決定を受けられる仕組みとなっていない点等，同基本合意を受け内閣府に設置された，障害のある人を中心とする障害者制度改革推進会議の総合福祉部会による骨格提言（平成 23 年 8 月 30 日付「障害者総合福祉法の骨格に関する総合福祉部会の提言－新法の制定を目指して－」）の水準に及ばないものであった。

　さらに平成 28 年 6 月の障害者総合支援法の改正においても，㋐必要な支援を受けながら自立した地域生活を営むことが障害者の基本的権利である旨が定められていないこと，㋑支援の対象外に置かれる難病者が

いること，㋑役所が認定する障害支援区分に支給量が連動する仕組みが残されており，自己決定権に基づき個別事情に即した支給量が保障される制度になっていないこと，㋒利用料の負担について，世帯の収入が考慮され，障害のある人本人の収入だけを認定する仕組みになっていないことなど，多くの点が指摘されている⁽¹⁰⁾。

（2）事例検討
①命の差別の事例

> A君は，幼少の頃に突然言葉を発しなくなり，自閉症，重度知的障害の診断を受けていたが，短期入所施設の2階から転落して死亡した。
>
> 施設の構造上の危険性が高いにもかかわらず，担当職員は，A君が起き上がったことに気づきながら，声かけするにとどまり，直接制止を怠ったことから事故が発生したため，施設側も過失は争わなかった。しかし，死亡慰謝料として，金1,500万円のみの解決を主張し，A君に就労可能性はなかったとして，逸失利益（将来得られたはずの収入を得られなくなった損害）については，全面的に争ったため裁判となった。（名古屋地裁平成24年3月30日和解事案）⁽¹¹⁾

まず，逸失利益についての一般的な考え方は，「現在の民法上の損害賠償法理によれば，現実に収入，利益が失われるか，あるいは少なくとも稼働能力の喪失を認められて初めて損害の発生を観念し得ることとなるから，稼働能力の喪失を立証できなければ，逸失利益を認定することはできない。」というものであり，裁判例にも，脳性マヒにより全介助を要する重度の障害児が，養護学校の教諭の座位保持訓練を受けた際大腿骨を骨折し，その結果死亡した事案において，この理由づけで当該障害児の逸失利益を否定したものがある⁽¹²⁾。

上記事例の裁判においては，障害年金の受給額を算定根拠として逸失利益を認める和解が成立している。また，自閉症のある本人が最も就職

する可能性の高い地域作業所の平均収入を基礎として逸失利益を算定した事例[13] や，最低賃金を算定根拠として逸失利益を認める和解が成立した事例[14] もある。

　この点確かに，知的障害のある人は，障害のない人に比べて働いている人の割合は少なく，稼働所得のある人でも収入は低い。多くの人が最低賃金等も保障されない福祉的就労による月 1 万円にも満たない工賃を得るに止まっている。

　しかし，その原因はどこにあるのだろうか。障害のある人自身の責任というよりも，知的障害者は働くことができないという誤解や，働くことを可能とする適切な合理的配慮がないという社会的障壁によるものではないだろうか。

　すなわち，障害者権利条約や障害者基本法，障害者差別解消法における社会モデルの障害観や合理的配慮義務の考え方からすれば，障害のある人の就労の機会が少なく，あるいは，賃金格差があるのは，障害のある人が障害のない人と同じように働くことを可能とする適切な合理的配慮がないという社会的障壁によるものである。したがって，逸失利益の算定根拠としても，社会のおける「平均賃金」とされるべきといえよう[15]。

　そのため、上記事例の事案においても、障害年金の受給額を算定基礎に、「逸失利益として、」約 770 万円の賠償を認める和解が成立した。

　また，平成 29 年 3 月 22 日，大阪地裁にて，6 歳で亡くなった重度知的障害のある男児の逸失利益について，平均賃金を基準として約 1,940 万年と算定した和解が成立しており（同日　毎日新聞），近時，東京地裁においては，知的障害者の逸失利益につき，約 2,242 万円の限度で一部認容する画期的な判決も出現している。

　なお，上記事例の事案においては，「死亡慰謝料として」金 1,500 万円が提案されている点も，一般的な基準よりも大きく下回っており，命

の差別をしているとの評価をせざるを得ない。

②直接差別・間接差別の事例

> Bさんには統合失調症という精神障害があり，精神保健福祉手帳を持っているが，自宅近くのインターネットカフェを気に入って利用していたところ，ある日，障害者手帳を忘れてしまったと思い，この店に問い合わせをしたことがあった。
>
> そうしたところ翌日，この店を訪れたBさんに対して店主は，過去に別の障害者の人で無銭飲食事件が発生したことがあり，代金の回収ができなかったことを理由に入店拒否を告げたため，Bさんは，この店を今後利用することを諦めざるを得なかった（東京地裁平成24年11月2日判決[16][17]）。

この事例は，障害があることを直接の理由として不当に取り扱うものであり，典型的な直接差別にあたる。なお，「今満員だから」とか「予約で一杯だから」などとほかの理由で暗に断るケースであれば間接差別である。

いずれも，障害者権利条約，障害者差別解消法により禁止されているが，市民生活の中でひじょうに多く経験する差別の一つといえる。

しかし，民間の事業者の場合は，営業の自由（憲法第22条1項）の内容として，顧客を自由に選択できるとも解されること等から，障害者差別解消法が制定されていなかった当時は，裁判所が「違法」と明確に断定した判例はなかった。特に間接差別の場合は，差別意図の立証が困難であるという実務上の問題がある[18]。

そのような中，上記事例の判決では，入店拒否の理由が，店側がBさんに精神障害があり障害者手帳を持っていることを認識したことにあると明確に認定し，入店拒否は公序良俗（民法第90条）に反する違法な差別であり，不法行為にあたるとして，慰謝料を認容した。差別解消法の成立により，今後はよりいっそう，このような障害を理由とする差

別が公序良俗や信義則（民法第1条2項）等の一般条項に間接的に読み込まれ，違法な差別とされやすくなるだろう。

③合理的配慮に関する事例

> 脊髄損傷で車椅子利用者であるCさんは，それまで10回以上，いわゆるスーパー銭湯に1人で入浴していたが，ある日以後，車椅子に乗ったまま浴室へ入室することを拒否された。
>
> そこでCさんは，法務局へ人権救済申し立てを行ったところ，法務局は，事実調査の結果，そのスーパー銭湯に対し，障害者基本法等の趣旨に反する対応とのことで「説示」の措置を講じたが，スーパー銭湯の対応は変わらなかった。
>
> そのため止むなくCさんは，スーパー銭湯を経営する会社に対し，慰謝料の支払いを求め，訴訟提起した。（東京高裁平成25年12月18日判決[19]）。

この事例においてスーパー銭湯側は，㋐公衆浴場において屋外で使用された車椅子のままで浴場への入場を認めた場合は，レジオネラ菌が浴室に侵入する危険性がある。㋑裸で入場しているほかの入浴客を負傷させる可能性がある等と主張していた。

他方Cさん側は，レジオネラ菌が，浴室に侵入する現実的な危険はないとの大学医学部講師の意見書を提出している。

意見書提出にもかかわらず，判決においては，「屋外で使用された車椅子のままでの浴場への入場を認めた場合，レジオネラ菌が浴場内に侵入する現実的危険がないとはいえないこと，車椅子に付着した金属片やプラスチック片等が浴場に持ち込まれることにより，裸足であるほかの入浴客を負傷させる可能性がないとはいえず，障害者基本法等の理念からすれば，障害のある人が公衆浴場において，ほかの入浴客とともに安心して入浴できる設備，環境等が促進されることが望ましいが，Cさんが入浴を拒否された平成19年8月の時点で，私企業が経営する公衆浴場において，設備や人員体制等の如何を問わず一律に車椅子のままでの

浴場への入室を許されるべきであるとする社会通念は確立していないこと等」と認定して，Ｃさんの慰謝料請求を棄却した。

　しかし，金属片やプラスチック片については浴室への入室前に洗い流せばよいし，レジオネラ菌については，不衛生な素足と車輪とで違いがあるのかどうか明確ではない。浴室に侵入する現実的な危険性はないとする意見書も提出されている中，抽象的な不安感に基づいて入浴拒否を正当化しているだけのようにも見える。

　何よりも，スーパー銭湯側で，車椅子を洗浄したり，代替の車椅子を用意したりするなどの配慮に過度の負担が伴うとは解されないから，障害者権利条約の理念の下，合理的配慮をしないことが差別であると規定する障害者差別解消法が施行された現時点では，かかる配慮をせずに硬直的に浴室への入室を禁止したスーパー銭湯側の対応は，合理的配慮を欠くものとして，公序良俗等の一般条項に読み込まれ，違法な差別というべきではないだろうか。改正障害者差別解消法においては，民間事業者の合理的配慮は法的義務になったのであるから，違法性判断の大きな要素として考慮されるべきであろう[9]。

4.　まとめ

　以上概説してきたとおり，市民社会の中で障害のある市民をめぐっては未だ多くの未解決の課題があり，誤解や偏見，差別が解消されているとも言い難い。市民の中の障害観は，まだまだ，例えば，障害のある人の移動のために施設をバリアフリーにするとか，自立した地域生活を送るために移動介護や重度訪問介護を利用したり，視覚障害のある人のために文書を点訳したり，聴覚障害のある人のために手話通訳を入れたりといったことなどについて，何か特別なことをしているという意識を持つほうが多いのではないか。そればかりか，障害当事者の中にも，いま

だに特別なことをしてもらっているという遠慮がちな意識がある。

　しかし，このように障害に配慮し支援することは，障害のない人と同じような生活を送るためのものに過ぎない。障害者権利条約の国内的効力が発効され障害者差別解消法が施行される等，日本の障害福祉法制が整備されてきた流れの中，何も特別なことではなく，障害のある人はあたり前に要求できるし，社会においては，当然に行わなければならないことであるとの発想の転換が求められている。

　そして，これまで裁判となった事例を分析してみても，従前の判断枠組みが変わるであろう，変わるべきであるといえるものがあることが分かる。

　したがって，かかる障害者権利条約の理念，障害者差別解消法における差別の禁止，合理的配慮義務が形だけのものにならないよう，今，障害のある市民だけでなく，障害のない市民も一体となって社会モデルの障害観を確認し，社会に向かって堂々と声を上げていくことが期待されるのである。

》注

（1）2016 年 10 月 1 日神奈川新聞特報「時代の正体 <398> 障害者殺傷事件考（上）・藤井克徳・日本障害者協議会代表。

（2）2016 年 10 月 16 日乃至 18 日神奈川新聞「建設断念　障害者差別と看板（上）（中）（下）」。

（3）2016 年 8 月 6 日毎日新聞朝刊社説「相模原事件　匿名報道が問いかけるもの」。

（4）この点，津久井やまゆり園の利用者支援において，不適切な支援が行われてきたことを指摘する情報が県に寄せられたことを契機に設置された「津久井

やまゆり園利用者支援検証委員会の中間報告書によれば，同園では，重度の行動障害を有する一部の利用者を中心に，安易かつ長時間に及ぶ身体拘束が長期間にわたり，漫然と行われてきた疑いがあるとされている。職員の中には，「切迫性」，「一時性」，「非代替性」という身体拘束の三要件の一つでも当てはまれば身体拘束ができるとの認識があったことや，重度障害者の地域移行は無理だとの思い込みがあったというが，こうした実態があったとすれば，これも社会の中の障害観と無関係ではないだろう。

（5）　平成 27 年度障害者白書。

（6）　行政処分とは，行政庁による公権力の行使に当たる行為であり（行政事件訴訟法 3 条 2 項），その行為により，国民の権利義務を形成し又はその範囲を確定する法律効果を生じるもの（最高裁判所昭和 30・2・24 民集 9・2・2・17）。

（7）　なお，障害者総合支援法は，3 年の見直し期間を経て平成 28 年 5 月に改正されている。

（8）　成年後見制度は，元々は，平成 12 年に介護保険と「車の両輪」をなすものとして発足した。

（9）　障害者差別解消法における合理的配慮提供義務は，行政機関に対しては法的義務として定められたが，民間事業者に対しては努力義務の定めにとどまっていた。しかし，令和 3 年 5 月，民間事業者による合理的配慮の提供についても法的義務に昇華する内容の改正法が，第 204 回通常国会において成立した。

（10）日本弁護士連合会平成 28 年 5 月 25 日付「障害者総合支援法改正に対する会長声明」。

（11）障害と人権全国弁護士ネット編『障がい者差別よ，さようなら！』生活書院 80 頁以下。

（12）大分地裁平成 16 年 7 月 29 日判決（判例タイムズ 1200 号 165 頁）。

（13）横浜地裁平成 4 年 3 月 5 日（判例時報 1451 号 147 頁）。

（14）札幌地裁平成 21 年 12 月 4 日和解（同日北海道新聞）。

（15）東京地裁平成 31 年 3 月 22 日判決（労働判例 1206 号 15 頁）。同判決は，「我が国における障害者雇用施策はまさに大きな転換期を迎えようとしているのであって，知的障害者の一般就労がいまだ十分でない現状にあるとしても，かかる現状のみにとらわれて，知的障害者の一般企業における就労の蓋然性を直ちに否定することは相当ではなく，あくまでも個々の知的障害者の有す

る潜在的な稼働能力を含む稼働能力の有無，程度を具体的に検討した上で，その一般就労の蓋然性の有無，程度を判断するのが相当である」として，福祉型障害児入所施設に入所していた重度知的障害者（19 歳・男）について，一般就労を前提とする平均賃金によるのが相当であるとして，約 2,242 万円の逸失利益を認定した。

(16) 賃金と社会保障 1583 号 54 頁。

(17) 障害と人権全国弁護士ネット編『障がい者差別よ，さようなら！』生活書院 86 頁以下。

(18) 高松高裁令和 2 年 3 月 11 日判決（賃金と社会保障 1759・1760 号 101 頁。原審は，高知地裁平成 30 年 4 月 10 日判決，賃金と社会保障 1729 号 23 頁）は，発達障害のある原告が，国が高知県に委託して実施した公共職業訓練（介護職員初任者研修科Ⅰ）の選考試験において，発達障害を理由として不合格処分とされたのは差別であり違法であるとして，高知県及び国に対して不合格処分の取り消しと慰謝料を求めた事案について，（県の判断は）無意識のものであった可能性は高いものの，（原告が）発達障害であることに基づく先入観によるものとして，間接差別を推認し，慰謝料 30 万円を認めた。

(19) 障害と人権全国弁護士ネット編『障がい者差別よ，さようなら！』生活書院 91 頁以下。

9 住まいに関する紛争とその解決

川島　清嘉

《**目標＆ポイント**》　新築住宅の雨漏りに関する事例を素材として，契約書で合意した事項と新築住宅の品質に関する法律の定め（強行法規）との関係について検討した上で，法律上認められた権利を実現するための方法やプロセスについて理解します。

《**キーワード**》　売買，契約書，任意法規，強行法規，契約内容不適合，一級建築士，住宅紛争審査会

【登場人物の設定】

相談者Ａ：35歳の男性。大手商社勤めのサラリーマンで結婚歴5年。3年前に一戸建てのマイホームを5,000万円で購入した。

弁護士Ｂ：57歳の男性で弁護士経験32年。数年前まで地元の法科大学院の実務家教員をしていて，学生や修習生に教えるのが大好き。相談者Ａは，弁護士Ｂの大学時代の親友の長男で，弁護士Ｂは相談者Ａの結婚式にも出席している。

学生Ｃ：Ｂが教員をしていた法科大学院の2年生。法科大学院の「エクスターンシップ」の授業で，現在，弁護士Ｂの法律事務所で研修中。研修期間は約2週間。

1. マイホームを購入したＡさんの相談内容

（1）サラリーマンＡさんの相談

弁護士Ｂ：君と会うのは結婚式以来5年ぶりだね。あのときは，まだ大学を出たてのひよっ子のように見えたが，さすが商社で12年も鍛えられると，ずいぶんと逞しくなるね。美人の奥さんは元気かい。この

前，お父さんと会ったときに，「オレももうすぐ爺さんだ」と言っていたけど。

相談者 A：はい。お久しぶりです。来月には，初めての子どもが生まれる予定です。この度は，自宅の雨漏りの件でご相談に伺いました。まだローンの支払いが4,500万円も残っていて，この先，人生真っ暗です。

弁護士 B：これから父親になる人が，そんな弱音を吐いてはいけません。マイホームを購入して雨漏りが生じるまでのいきさつを，簡単に説明してくれるかな。

相談者 A：結婚したときから，二人の貯金が500万円になったらマイホームを購入しようと決めていたので，3年前，頭金500万円を払って，建売業者Dから，横浜市内の木造2階の一戸建て住宅を5,000万円で購入しました。建売業者Dからは，「この建物は建築確認を受けて建築し，完成時には役所の検査も受けているので，安全・安心です」などと説明され，私たちは，その言葉を信じて購入しました。駅から徒歩15分と少し距離がありますが，まだ周辺には農地が残っていてたいへん環境がよく，南向きで日当たりも最高なので，一目見て気に入りました。また，駅の近所に保育園があるのも好都合です。わが家は共働きなので，子どもが生まれたら保育園に入れる必要があります。実際に住んでみても居心地がよく，これはよい買物をしたと妻も私もたいへん満足していました。ところが，購入して3年近く経った頃，1階リビング天井の北西の角の壁紙にカビが生えていて，その部分を触ってみると，少し濡れているように感じました。そのときは「何だろう。雨のときに窓を開けていたので，窓から雨が降り込んだのかな」くらいに思っていましたが，その後，だんだんと天井のカビの範囲が広がって天井全体が黒くなってきました。これはおかしいと思って，売主である建売業者Dの担当者を呼んで，北西の角の天井の一部を

はがしてみたところ，リビングの天井裏に，水が溜まったような跡があることが分かりました。担当者の話では，はっきりとは分からないが，天井のカビの原因は，雨漏りが原因である可能性があるということでした。

弁護士Ｂ：それで，売主の建売業者Ｄには，雨漏りの修理をしてもらったのですか。

相談者Ａ：建売業者Ｄの担当者は，「私が知る限り，当社が販売した建売住宅で，過去に雨漏りなどしたことはない。このようなことになって，たいへん申し訳ない。すぐに大工を行かせる」ということで，数日後，この家を実際に建てたという大工さんが来てくれました。大工さんはたいへん親切な人で，半日かけて，屋根や外壁，２階のベランダ，樋など，雨漏りの原因になりそうなところを点検してくれましたが，「雨漏りは難しいんだよなあ。どこも悪いところはないようだ。今度，雨漏りがしたら，また呼んでください」と言って，何の修理もせずにそのまま帰ってしまいました。

弁護士Ｂ：それで雨漏りの件はどうなったのですか。

相談者Ａ：その後，リビングの天井のカビがますますひどくなり，天井全体が歪んでいるようになったので，雨が降るたびに，大工さんに来て点検をしてもらいましたが，雨漏りの原因は分からないということでした。そこで，建売業者Ｄの担当者に再度連絡を入れたところ，「ご迷惑をおかけします。今度，当社の社長から連絡をさせます」との答えで，数日後，建売業者Ｄの社長から電話がありました。

弁護士Ｂ：社長は何と言ったのですか。

相談者Ａ：「当社は，『信用第一，お客様第一主義』の会社なので，やれることは全部，精一杯やった。お宅も困るだろうが，原因が分からないものを直せと言われても困る。これまでは，サービスで大工に点検

をさせたが，建物の引渡しから2年を過ぎてから生じた雨漏りなので，当社に責任はない。契約書にも，そう書いてあるはずだ。いくら直せと言われても，原因が分からない以上，直しようがない。不満があるのであれば，裁判でも何でも起こしてくれ。その場合には，こちらも受けて立つ」と言われて，一方的に電話を切られてしまいました。そこで，先生のところに相談に来ました。

（2）雨漏り問題についての学生Cの見解／売主の責任について

弁護士B： ずいぶんと乱暴なことを言う社長ですね。C君は，この問題について，どのように考えますか？

学生C： はい。法科大学院の1年生の授業で，売買契約における売主の責任について勉強をしました。Aさんの場合，建売住宅を買っているので，民法の売買の規定が適用されます。民法562条1項では，「売買の目的物が契約の内容に適合しない場合」の買主の権利について，次のとおり規定しています。したがって，Aさんには，売買の目的物について，履行の追完を請求する権利があります。

> **（買主の追完請求権）**
> 　　**第562条**　引き渡された目的物が種類，品質又は数量に関して契約の内容に適合しないものであるときは，買主は，売主に対し，目的物の修補，代替物の引渡し又は不足分の引渡しによる履行の追完を請求することができる。ただし，売主は，買主に不相当な負担を課するものでないときは，買主が請求した方法と異なる方法による履行の追完をすることができる。
> ②（略）
> **（買主の代金減額請求権）**
> 　　**第563条**　前条第一項本文に規定する場合において，買主が相当の期間を定めて履行の追完の催告をし，その期間内に履行の追完がない

> ときは，買主は，その不適合の程度に応じて代金の減額を請求することができる。
>
> ②　（略）
>
> **（目的物の種類又は品質に関する担保責任の期間の制限）**
>
> 　　第566条　売主が種類又は品質に関して契約の内容に適合しない目的物を買主に引き渡した場合において，買主がその不適合を知った時から1年以内にその旨を売主に通知しないときは，買主は，その不適合を理由として，履行の追完の請求，代金の減額の請求，損害賠償の請求及び契約の解除をすることができない。ただし，売主が引渡しの時にその不適合を知り，又は重大な過失によって知らなかったときは，この限りでない。

弁護士B：確かに，民法にはそのように書かれているけれど，Aさんにも分かるように，もう少し，分かりやすく説明してもらえるかな。

学生C：はい。民法562条1項の「引き渡された目的物が種類，品質又は数量に関して契約の内容に適合しないものであるとき」と言うのは，新築住宅の例でいうと，Aさんが購入した住宅に，契約で合意した性能や品質が備わっていないことをいいます。もう少し一般的な言葉に言い直すと，住宅に何らかの「欠陥」があることをいいます。Aさんが購入した新築住宅には，「雨漏り」という欠陥があるので，買主のAさんは売主の建売業者Dに民法562条第1項に基づき建物の修補の請求をすることができます。

弁護士B：そのとおりですね。よく勉強していますね。ところで，売主の責任については，民法566条で法律に期間制限の規定がありますが，その点についても説明してもらえますか。

学生C：はい。民法566条に，「買主がその不適合を知った時から1年以内にその旨を売主に通知しないときは，買主は，その不適合を理由として，履行の追完の請求，代金の減額の請求，損害賠償の請求及び

契約の解除をすることができない。」と定められています。A さんの場合，雨漏りという「不適合」が分かってからすぐ売主に雨漏りがする旨の連絡をしているので，民法 566 条が定める期間制限の要件は満たしていることになります。

弁護士 B：ところで，建売業者 D が雨漏りの修理をしない場合は，どうなりますか？

学生 C：民法には，次の条文（民法 564 条及び 415 条）がありますので，A さんは，自分で修理業者を見つけて修理を依頼し，この規定に基づき，修理にかかった費用を建売業者 D に損害賠償として請求することができると考えます。

（買主の損害賠償請求及び解除権の行使）
　　第 564 条　前二条の規定は，第 415 条の規定による損害賠償の請求並びに第 541 条及び第 542 条の規定による解除権の行使を妨げない。
（債務不履行による損害賠償）
　　第 415 条　債務者がその債務の本旨に従った履行をしないとき又は債務の履行が不能であるときは，債権者は，これによって生じた損害の賠償を請求することができる。ただし，その債務の不履行が契約その他の債務の発生原因及び取引上の社会通念に照らして債務者の責めに帰することができない事由によるものであるときは，この限りでない。
　② （略）

相談者 A：建売業者 D には，雨漏りの修理費用を請求することができるということですね。これで安心しました。ただ，建売業者 D の社長が，「契約書には責任を負わないと書いてある」と言った点が気になりますが，社長は責任逃れで，そのようなことを言っているだけだったんですね。私も契約書を読んではみたのですが，契約書には「雨漏り」について何も書かれていないようでした。

弁護士 B：C 君。今回の雨漏りの件について，契約書の定めはどうなっ

ていますか。

学生 C： はい。契約書の第 14 条に次の記載があります。

第 14 条　契約内容不適合の責任
① 本物件が種類又は品質に関して契約の内容に適合しないときは，買主は，売主に対し，本物件の修補，代金の減額の請求，損害賠償の請求及び契約の解除をすることができる。
② 前項による修補，代金の減額の請求，損害賠償の請求又は契約の解除は，本物件の引渡し後 2 年を経過したときはできないものとする。

---

14 条 2 項に，「修補，代金の減額の請求，損害賠償の請求又は契約の解除は，本物件の引渡し後 2 年を経過したときはできないものとする。」と書かれています。住宅に雨漏りなどの欠陥があって，A さんがその欠陥を知ってから 1 年以内に売主に通知したとしても，A さんが雨漏りの修補や損害賠償を求めた時点で建物の引き渡しから既に 2 年を過ぎているので，売主は買主に対して責任を負わないことになります。

相談者 A： ええ。それは，どういうことですか。

学生 C： 先ほど，雨漏りの修理費について建売業者 D に請求をすることができると言ったのは，契約書に何も書かれていない場合のことです。A さんの場合には，売買契約書に，民法とは異なる規定が置かれているので，建売業者 D は責任を負わないことになります。

A さんには誠にお気の毒なことですが，先ほどの発言は撤回します。もう少し早い時期に雨漏りに気づいていれば，何とかなったかもしれませんが……。

相談者 A： そんな馬鹿な。まだ，ローンの支払いが 4,500 万円も残っている状態で，こんな欠陥住宅をつかまされて何も文句を言えないなんて到底納得できません。それに，建売業者 D は「この建物は，建築

確認を受けて建築し，完成後は役所の検査を受けていているので，安全・安心だ」と言っていました。これが，購入時に建売業者Dからもらった建築確認と検査済証です。建築確認を受け，役所の検査を受けた建物について，雨漏りがするなんて信じられません。このまま雨漏りが続けば，近い将来，リビングの天井だけではなく，住宅の他の部分にも被害が出てくることは明らかです。何とかなりませんか。これから生まれてくる子どものためにも，どうか助けてください。

弁護士B： そうですね。Aさんが購入した建物については，確かに建築基準法に基づく確認を受け，完成後に検査を受けているようです。建築基準法では，建ぺい率・容積率・敷地の接道義務などの建物と敷地や道路との関係，そして，地震による建物の構造上の安全性などについて「最低の基準」を定めていますが，雨漏りについては，建築基準法では具体的に何の基準も設けていません。したがって，建築確認を受け，検査済証の交付を受けていたからといって，雨漏りがしない建物であることの保証にはなりません。

学生C： そういうことですので，Aさんには誠にお気の毒ですが，この件で裁判を起こしたとしても，裁判所はAさんに同情してくれるでしょうが，判決になればAさんに勝ち目はないと思います。

相談者A： ……。

弁護士B： 契約書の定めによれば，確かにC君の言うとおりですね。でも，10年も20年も経っているのであればともかく，新築住宅の場合に2年や3年で雨漏りがして，売主にまったく責任を問えないというのは，常識的にみておかしくはありませんか。

学生C： 確かにそのとおりですが，Aさんは契約書に署名・捺印をしているので，仕方がないと思います。売主が責任を負う期間が2年で短すぎるというのであれば，契約書に署名・捺印する前に，この条項

を 5 年，10 年に変更してもらえばよかったと思います。

相談者 A：私は素人なので難しいことは何も分かりません。契約書に，「雨漏りがしても 2 年経てば売主は責任を負わない」と明確に書かれていれば，もちろん私も契約書に署名捺印をしませんでした。また，建売業者は，雨漏りの件について何も説明してくれませんでした。そもそも「契約内容不適合の責任」なんて難しい法律用語は素人の私には分かりません。私は悪徳業者に騙されたのです。業者を詐欺で訴えてください！

弁護士 B：A さん。そんなに興奮しないでください。C 君。君は「任意法規」と「強行法規」の違いについて知っていますね。

学生 C：はい。民法の授業で勉強しました。任意法規というのは，当事者が合意すれば，法律の定めとは異なる合意の効力が認められるもの，強行法規とは，その反対で，当事者が合意したとしても，法律の定めに反するものは，その合意が無効とされる規定です。

弁護士 B：そのとおりですね。この件について，さきほど君が指摘した契約書 14 条の契約内容不適合責任の期間に関する強行法規はありませんか。

学生 C：（六法全書を調べながら）はい。宅地建物取引業法 40 条に，宅地建物取引業者が売主となる建物の契約内容不適合責任について，特約の効力を制限した規定があります。

> **（担保責任についての特約の制限）**
> **第 40 条①** 宅地建物取引業者は，自ら売主となる宅地又は建物の売買契約において，その目的物が種類又は品質に関して契約の内容に適合しない場合におけるその不適合を担保すべき責任に関し，民法（明治 29 年法律第 89 号）第 566 条に規定する期間についてその目的物の引渡しの日から 2 年以上となる特約をする場合を除き，同

条に規定するものより買主に不利となる特約をしてはならない。

② 前項の規定に反する特約は，無効とする。

　Aさんの事例では，売主の建売業者Dは，宅地建物取引業者に該当すると思われますので，宅地建物取引業法40条の適用があります。40条2項は，「前項の規定に反する特約は，無効とする。」と規定しているので，40条1項の規定は「強行法規」になります。したがって，契約不適合責任の期間を引渡し日から2年未満とするような契約書の定めは，買主に不利な特約として無効になります。ただ，Aさんの事例では，責任の期間を引き渡し後2年間と定めているので，宅地建物取引業法40条1項の規定には抵触しません。やはり駄目です。

相談者 A：やはり駄目ですか。

（3）雨漏り問題についての弁護士Bの結論

弁護士 B：C君といつまで議論をしていてもAさんに気の毒なので，先に結論を言うと，新築住宅の品質が契約の内容に適合しない場合の売主の責任については，「住宅の品質確保の促進等に関する法律」（品確法）に次のとおり特別な規定があります。

（新築住宅の売主の瑕疵担保責任の特例）

　第 95 条① 新築住宅の売買契約においては，売主は，買主に引き渡した時（当該新築住宅が住宅新築請負契約に基づき請負人から当該売主に引き渡されたものである場合にあっては，その引渡しの時）から10年間，住宅の構造耐力上主要な部分等の瑕疵について，民法415条，第431条，542条，562条及び563条に規定する担保の責任を負う。

② 前項の規定に反する特約で買主に不利なものは，無効とする。

③ 第1項の場合における民法566条の規定の適用については，同条中「種類又は品質に関して契約の内容に適合しない」とあるのは「住

> 宅の品質確保の促進等に関する法律（平成11年法律第81号）第95
> 条第1項に規定する瑕疵がある」と，「不適合」とあるのは「瑕疵」
> とする。

　令和2年4月1日に施行された民法改正によって，民法及び宅地建物
取引業法の条文からは「瑕疵」の文言がなくなりましたが，品確法の条
文では，民法改正後も「瑕疵」の文言が使われています。品確法で使わ
れている「瑕疵」の文言の意味は，改正民法の「引き渡された売買の目
的物が種類又は品質に関して契約の内容に適合しないものであるとき」
と同じであると考えて良いと思います。

　先ほどの宅地建物取引業法が，宅地建物取引業者が売主となる場合の
責任について，その期間を引渡し日から2年以上とすることを求めてい
るのに対し，この法律では，「住宅の構造耐力上主要な部分等の瑕疵」
に限って，売主の責任を10年未満とする契約を無効としています。そ
して，「住宅の構造耐力上主要な部分等」とは，「住宅のうち構造耐力上
主要な部分又は雨水の浸入を防止する部分」（品確法94条1項）と定め
られているので，雨漏りについても，この条文が適用され，雨漏りにつ
いての売主の責任期間を引き渡し後「2年」と定めた売買契約書14条2
項の規定は，品確法95条2項の買主に不利な特約として無効となります。
したがって，Aさんは，現時点でも，建売業者Dに対し，雨漏りの修
理を求める権利があり，建売業者Dが修理をしない場合には，修理費
について損害賠償の請求をすることができます[1]。

2. Aさんの建売業者Dに対する権利を実現するための方法

（1）すぐには裁判が起こせない！

相談者A：先生，ありがとうございました。それでは，建売業者Dに対し，
　早速，雨漏りを修理させるよう裁判を起こしてください。弁護士さん

に正式に仕事を頼む場合には，費用が必要だと父から言われています。それで，先生の費用はおいくらですか。

弁護士 B：ちょっと待ってください。すぐに裁判を起こせと頼まれても，それはできません。

相談者 A：どうしてですか。私には建売業者 D に対し，雨漏りの修理や損害賠償を求める権利があるとおっしゃったではありませんか。先生がお忙しいことは承知していますが，ぜひ，助けてください。

弁護士 B：いやいや。忙しいからお引き受けできないと言っているのではありません。裁判を起こす前に，まだまだ，やることがあります。

相談者 A：それは，どういうことですか。

弁護士 B：C 君，どうですか。今すぐ裁判を起こせと言われて，訴状が書けますか？

学生 C：そうですね。先ほどの A さんの話では，大工さんが何回か点検に来たが，雨漏りの原因が分からないということでしたね。原因が分からなければ，どのような修理を求めるのかの特定ができませんし，損害賠償をするにも，いくら請求するのかが決まりません。

相談者 A：雨漏りの原因が分からないと，裁判を起こせないのですか。

弁護士 B：C 君。今の点はどうですか。

学生 C：裁判を起こす場合，例えば，住宅の修理を求める場合には，訴状の「請求の趣旨」のところに，住宅のどの部分をどのように直せというように，建築業者 D が行うべき行為の内容を厳密に特定する必要があります。ただ，単に「雨漏りを直せ」というような抽象的な請求は認められないと思います。また，損害賠償の請求をするにしても，雨漏りの原因が特定できないと修理費の見積もりもとれません。損害賠償の請求をするには，修理費の見積書などを証拠として提出する必要があります。

（2）裁判を起こす前にAさんがとるべき方法

弁護士B：そのとおりですね。それでは，C君，裁判を起こす前に，何をする必要がありますか。

学生C：先ほど答えたと思いますが……。雨漏りの原因を特定して，修理費についての見積書を取得することです。

弁護士B：誰が，どうやって，雨漏りの原因を特定するのかを聞いているのです。

学生C：私にリビングの天井裏にもぐって，雨漏りの原因を調べろということですか。

弁護士B：C君。やってもらえますか。

学生C：（予定表を見たものの，無言のまま）

弁護士B：大工さんが，「雨漏りは難しいんだよなあ……」と呟いていたように，私のこれまでの経験からしても，雨漏りの原因究明というのはたいへん厄介な問題です。雨は，屋根や壁のほかにも，窓やベランダのサッシの隙間など，いたるところから浸入しますからね。ときには，家の外部からではなく，水道管や排水管の接続が悪いため，雨水以外の原因で住宅に水漏れが生じている場合もあります。ここはひとつ，個人住宅の雨漏りに詳しい一級建築士のEさんにお願いして，Aさん宅の雨漏りの原因を調査してもらいましょう。その場合には，修理費の見積書の作成もお願いする必要があります。Aさん，どうしますか。

相談者A：是非，Eさんをご紹介ください。よろしくお願いします。

3.　雨漏りの原因の調査

（1）一級建築士Eさんによる原因調査

　数日後，一級建築士のEさんがAさんの住宅を訪問し，1階リビン

グの天井の一部をはずして，いつでも天井裏に入れるように天井に点検
口を設けた。大雨が降った日の翌日，Aさんに呼ばれたEさんが点検
口から天井裏に入ると，リビング北西側の天井の隅に水が溜まってい
て，水の流れの跡をたどると，2階寝室の出窓周りの防水処理が不十分
で，そこから雨水が浸入している疑いが濃いことが分かった。また，E
さんの調査により，雨漏りが原因でリビングの天井板全体が腐っている
ため，浸水の原因となった出窓周りの防水処理に加え，天井板や壁紙全
体を張り替える必要があることが分かった。Eさんが知人の工事業者F
に修理費の見積書の作成を依頼したところ，修理費の総額は100万円で
あった。

（2）Aさんから弁護士Bに対する手紙の内容

　弁護士BがAさんの相談を受けてから3週間後のある日，Aさんか
ら弁護士B宛に手紙が届いた。手紙には，修理費の見積書のコピーが
同封されていて，一級建築士Eさんを紹介したことに対するお礼と，
今後，どのように対処すればよいのか，改めて弁護士Bに相談したい
と書かれていた。手紙には，2日前，奥さんが，無事，長女を出産した
ことも書かれていた。

4.　Aさんの権利を実現するための方法

（1）弁護士Bの学生Cへの指示

弁護士B：先日，新築住宅の雨漏りの件で相談に来たAさんから手紙
　と修理費の見積書のコピーが届きました。これがその手紙と見積書の
　コピーです。一級建築士Eさんからは，雨漏りの原因調査のための
　費用として，できれば，Aさんに10万円を請求してほしいと言われ
　ています。君の当事務所での研修も明日で終わりなので，Aさんが

相談に来る前に，Ａさんが今後とるべき方法について，メモを作成してください。雨漏りの修理を建売業者Ｄにさせるのがよいか，それとも，見積書を作成してくれた工事業者Ｆなど他の業者にお願いするのがよいか。また，工事業者Ｆにお願いする場合には，修理費用やＥさんの調査費用を，どのような方法で回収することが考えられるか，それぞれの方法のメリット，デメリットを記載した報告書を作成してください。この報告書が上手に書ければ，当事務所での君の研修も十分に成果が上がったということで，無事修了とします。

学生Ｃ： 分かりました。卒業試験のつもりでがんばります。

（２）学生Ｃの報告書を読んだ弁護士Ｂの独り言

弁護士Ｂ： Ｃ君の研修が昨日で終わってしまい，今日は，うちの事務所も火が消えたように静かだなあ。なるほど。この報告書はよく書けているね。２週間の短い研修期間だったけど，Ｃ君もこの２週間で随分と成長したものだ。あとは，法科大学院でしっかりと勉強をして，社会の役に立つ立派な法曹に育ってもらいたいものですね。

以上

Ｃ君作成の報告書

第１　修理を建売業者Ｄに行わせることについて

①メリット

（１）修理費用を回収する手間が省ける。

②デメリット

（１）建売業者Ｄが，雨漏りの原因を認めて修理するかどうか疑問。

（２）建売業者Ｄが，きちんとした修理をするかどうか疑問。

（3）建売業者 D による修理に A さんが納得するかどうか疑問。

（4）一級建築士 E さんの調査費用を建売業者 D が支払うかどうか疑問。

第 2　修理を建売業者 D 以外の者に行わせることについて

①メリット

（1）信用のおける業者に修理を依頼することができる。

（2）A さんの納得も得られそうである。

②デメリット

（1）修理費用や調査費用を建売業者 D が任意に支払うかどうか疑問。建売業者 D が費用を任意に支払わない場合，修理費用等の回収に手間がかかる。

第 3　修理費用や E さんの調査費用を回収するための手段

1. 裁判所への訴えの提起

請求金額は修理費用 100 万円と E さんの調査費用 10 万円の合計で 110 万円。管轄は簡易裁判所。

①メリット

建売業者 D が支払いを拒んだ場合でも，判決が確定すれば強制執行をして費用を回収することができる。

②デメリット

費用と時間がかかりそう。弁護士費用の請求ができるかどうか疑問。

2. 簡易裁判所による督促手続

①メリット

手続が簡単。建売業者 D が支払督促に異議の申し立てをしなければ，判決と同様に強制執行が可能。

②デメリット

建売業者 D が支払督促に異議の申し立てをすれば，裁判手続に

移行してしまう。

3. 簡易裁判所における調停の申し立て

①メリット

　弁護士を頼まなくても，Ａさん自身が裁判所に出向いて，裁判所における話し合いで紛争の解決ができる。

②デメリット

　建売業者Ｄが調停による話し合いに応じるかどうか疑問。

4. 住宅紛争審査会⁽²⁾ に対する紛争処理の申し立て

①メリット

　法律専門家の弁護士と建築専門家の一級建築士が紛争審査会の委員として関与し，簡易迅速な解決が期待できる。

②デメリット

　品確法に基づく性能評価を受けていること等が要件となるので，Ａさんのケースで，この手続が利用できるかどうかについて調査が必要。

》注

（1）平成21年10月1日以降に引渡された新築住宅については，「特定住宅瑕疵担保責任の履行の確保に関する法律（住宅瑕疵担保履行法）」により，新築住宅の売主又は請負業者が倒産等により資力を失った場合でも，買主又は発注者が，保険金の支払いや保証金の還付を受けることによって，瑕疵担保責任に基づき生じる費用の支払いを確実に受けられるようになりました。

（2）住宅紛争審査会は，品確法に基づいて国土交通大臣が指定した弁護士会に設けられた民間型の裁判外紛争処理機関です。

10｜日常生活で生じる事故による紛争とその解決（1）— 交通事故を例として

川島　清嘉

《目標＆ポイント》　交通事故で重大な後遺障害が生じた被害者の事例を素材として，誰に対し，どのような内容の損害賠償請求ができるかを検討します。また，交通事故が原因で生じる損害について，これを補償するための保険の種類やその機能について理解します。

《キーワード》　自動車損害賠償保障法（自賠法），症状固定，後遺障害等級，過失割合，自動車保険（任意保険），交通事故紛争処理センター

1.　交通事故発生翌朝の被害者の状況

（1）土曜日の早朝7時に弁護士Aの自宅に突然の電話

　ある土曜日の朝7時00分。弁護士Aの自宅に，小学校の同級生である友人B（当時54歳）の妻Cから電話があった。弁護士Aは，このところ，ある事件の証人尋問の準備に日夜忙殺されていて，土曜日のこの日は，久しぶりに朝寝坊をしたい心境にあった。「あなた。電話ですよ！」と早起きが得意の妻に起こされて電話をとったものの，弁護士Aは寝起きで朦朧としていて，Cも早口で何か叫んでいる状態であったので，なかなか電話の内容を理解することができなかった。15分ほど話をして，ようやく，Cの依頼が，次のような内容であることが分かった。

> 昨夜，夫Ｂが，会社からの帰宅途中，路上で無免許の少年が運転す
> るバイクに跳ねられ重傷を負った。Ｂは現在，病院に入院しているので，
> 妻Ｃは弁護士Ａに至急相談をしたい。

（２）Ｂの入院先の病院での関係者の話

弁護士Ａは，とりあえず，友人Ｂの入院先の病院に行き，Ｂの妻Ｃ，
Ｂの弟Ｄ，Ｂの上司Ｅ，Ｂの手術を担当した医師と面談をした。

①Ｂの妻Ｃの話

昨日の深夜11時半頃，警察から「ご主人が少年の運転するバイクに
跳ねられ頭を打つなどの大けがをし，救急病院に運ばれて現在頭部の緊
急手術を受けている。生死に関わる重大な事故なので，ご家族の人にす
ぐに病院に来てほしい」との電話があった。

夫が突然こんなことになってしまい，どうしてよいか分からない。夫
からは，ときどき，Ａ弁護士のことを聞いていたので，どうか私たち
を助けてほしい。

②手術を担当した医師の話

Ｂの傷病名は，脳挫傷，外傷性クモ膜下血腫，頭蓋骨骨折である。Ｂ
の血中アルコール濃度が高かったので，Ｂは事故前にかなりの量の酒を
飲んでいたようである。

Ｂは事故で頭部を強く打ち，頭蓋骨内に大きな出血があったので緊急
に手術をした。とりあえず今は安定した状態にあるが，まだ意識が回復
していない。ここ2，3日は予断を許さない状態で，命が助かったとし
ても，出血の範囲が広く，脳が相当に損傷しているので，身体や精神の
面で後遺障害が残る可能性がある。

③Ｂの上司Ｅの話

Ｅは，Ｂが勤務する出版会社の支社長（Ｂの上司）である。昨夜は，

会社の宴会があり，Bは好きな焼酎を結構飲んでいた。宴会は午後9時に終わったが，Bは，もう少し一人で飲んでから帰ると言って，Eや会社の同僚とはそこで別れた。その後，Bがどうしたのかは分からない。Bは会社の支社次長の地位にあり，部下の人望も厚く，近々，別の支社の支社長に昇進することが内定していた。会社のほうは，とりあえず私が何とかする。B社の定年は60歳で，定年退職時に支社長の地位にあった者については，本人の希望があれば，通常，嘱託社員として65歳まで勤務することができる。

④ Bの実弟Dの話

Cに付き添い，昨夜から病院に来ている。弁護士Aには，休日の早朝に病院まで来てもらい，たいへん申し訳ない。Bには，高校生の息子が一人いるが，Bの家族については，とりあえず，私が世話をするので心配はいらない。Cは，突然のことで昨夜はずいぶんと取り乱していたが，弁護士Aに来てもらい，少し安心したようだ。

交通事故担当の警察官が病院に来て，手術を終えたばかりの医師からBの容態を聞いて先ほど帰った。そのときに，私も警察官と少しだけ話すことができ，「加害者の少年は17歳の高校生。同級生の友人にバイクを借りて無免許で運転中に事故を起こし，現行犯逮捕した。バイクは強制保険だけで任意保険に入っていないようである」との説明を受けた。当分は，兄Bの回復を待つしかないと思うが，私たちが，今，すぐにやるべき事があれば教えてほしい。

（3）A弁護士の病院での指示

弁護士Aは，家族や会社のことについては，弟Dや上司Eが面倒を見てくれると聞いて安心をしたことを告げた上で，Dに対し，次のように伝えた。

162

①加害者が無免許で，バイクが任意保険に入っていないところが心配
　である。Bの交通事故については，BやCが加入している保険で
　補償が受けられることがあるので，BやCがどんな保険に入って
　いるかをCから聞いて，弁護士Aに知らせてほしい。

②病院の治療費については，とりあえず，Bの健康保険を適用して治
　療を受けたほうがよいと思う。手続については，病院や区役所に聞
　けば教えてくれるはずである。

弁護士Aは1時間ほど病院に滞在した後，Cに対し，「ご主人は小学
校時代から強運の持ち主なので必ず回復する。ご主人には昔からいろ
いろと借りがあるので，困ったことがあれば，遠慮せずにすぐに私に連絡
してほしい」と告げ，その場を辞した。

2.　交通事故について，その後判明した事実

その後，事故から10日が経ち，Dからの報告では，Bは手術後の最
も危険な期間を乗り切って，昨日意識を回復し，曖昧ながら言葉を発す
るようになったという。

この間，弁護士Aが交通事故係の警察官と面談し，また，交通事故
証明書等の資料を取り寄せるなどして，次の事実が判明した。

①交通事故の日時・場所と事故の状況

日時：20○○年○月○日午後11時10分

場所：横浜市○○区○○町×番先路上

事故の態様

事故現場の状況は図10-1のとおりである。Bが，横断歩道を渡ら
ずに，片側1車線ずつの幹線道路を①方向から②方向に徒歩で横断し
ようとしたところ，③方向から進行してきた加害者運転のバイクと
衝突した。Bは衝突の衝撃で車道上に転倒して道路側溝の縁石で頭を

打った。加害者は，加害者が進行していた道路の事故現場手前の信号は青であったと言っているが，目撃者がいないので真偽は不明である。Bには事故当時の記憶がまったくない。Bは，自宅に戻るため，幹線道路を渡った先にある駅に向かおうとして事故にあったらしい。

②加害者の状況

加害者が運転していたバイクは，警察官が病院でDに告げたとお

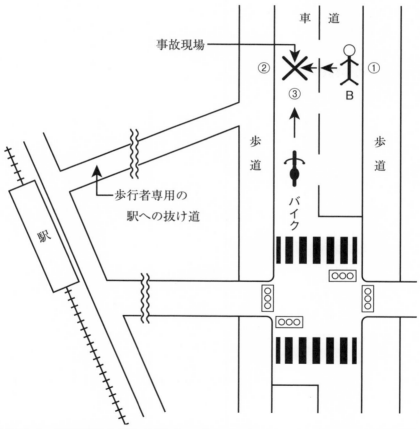

図10-1　事故現場の見取り図（Bは駅への近回りをしようとして，横断歩道を渡らず，①→②を横断して事故にあったらしい）

り，強制保険だけで任意保険には加入していなかった。加害者の高校生は，家庭裁判所の審判で少年院に送致された。

　事故の5日後，加害者の両親が一度だけ病院に見舞いに来た。このとき，Bの弟Dが対応し，Bの妻Cは，今の心境では加害者の両親に会う気持ちになれないことを伝え，面会を断った。また，加害者の両親からは，「息子が申し訳ないことをした。このようなことになり，親として責任を感じている。ただ，自分たちもその日の生活をしていくのが精一杯なので，とても賠償金を支払う余裕がない」との発言があった。

③被害者の保険の状況

　B自身は車を運転しないので自動車保険に加入していなかったが，Cが自動車を所有・運転していて，自動車保険（任意保険）に加入していた。Cの自動車保険には，Cに加えて，Cの夫であるBや同居の親族等が交通事故によって被害を受けた場合，その被害を補償するための「人身傷害保険」がついていることが分かった。

3．　入院及び通院によるリハビリ治療終了後のBの状態

（1）病状について

　Bは幸いにして命を取りとめ，救急病院に約2か月間入院した後，退院時には普通の会話ができるまでの状態に回復した。その後，約1年10か月，リハビリを専門とする病院に通院し，身体の運動機能と記憶や注意力を回復するためのリハビリ治療を受けた。身体については，リハビリによって，健常者とほとんど同様の状態にまで回復したが，精神面では，記憶力が落ち，注意力が散漫になる等の後遺障害が残ってしまった。

　事故後，約2年を経過した時点で，Bの病状は，これ以上に治療やリ

ハビリを続けても改善することが見込めない状態（症状固定）になったと診断された。

　Ｂのリハビリを担当した主治医の意見は，「Ｂの状態は，身体の障害がなく，日常会話も普通にできるので，正常な状態にまで回復したと誤解されることがあるが，脳の損傷が原因で，記憶力，注意力，判断力などが相当程度低下している（高次脳機能障害）。したがって，普通の仕事に戻るのは困難である。職場の理解を得ることができればとの前提があるが，決まり切った単純な作業や業務なら従事できる可能性はある。新しい仕事や慣れない仕事の場合には，課題を理解して正常な判断をすることができないので，会社の管理職に復帰することは難しい」というものであった。

（2）職場への復帰について

　上司であるＥの尽力もあり，事故から約2年後，Ｂは以前の職場に復帰した。管理職としての仕事を続けることは無理なので，職場に復帰して3か月後の56歳の誕生日を機会に会社を早期退職し，嘱託社員として同じ職場で勤務を続けることになった。

（3）後遺障害の等級認定について

　症状固定後，Ｂは「神経系統の機能又は精神に障害を残し，軽易な労務以外の労務に服することができない」状態にあるとして，後遺障害等級7級4号の認定を受けた。

4. 弁護士 A が B の代理人として行った仕事の内容

　B は，本件交通事故で受けた損害について，C が契約していた自動車保険による補償を受けられることになり，保険会社から，表 10-1 のとおり，既に支払いを受けた金額（既払金）を除き，合計 35,392,934 円の支払いを受けられることになった

表 10-1　保険会社からの支払額

	損害の費目	損害額	内容
①	治療費	2,459,878	実費
②	看護料	49,200	日額 4,100 円，12 日
③	入院雑費	66,000	日額 1,100 円，60 日
④	通院費	154,500	実費
⑤	休業損害	5,211,248	休業期間 2 年
⑥	精神的損害（傷害分の慰謝料）	1,650,000	入院 2 か月，通院 1 年 10 か月
⑦ （①〜⑥）	小計	9,590,826	
⑧	逸失利益	28,627,734	計算式は下記※のとおり
⑨	精神的損害（後遺障害分の慰謝料）	5,000,000	後遺障害等級 7 級 4 号
⑩ （⑧＋⑨）	小計	33,627,734	
⑪ （⑦＋⑩）	合計	43,218,560	
⑫	既払額	7,825,626	①＋④＋⑤
⑬ （⑪−⑫）	提示額	35,392,934	

実質年収喪失ライブ係数金額

	年齢	年収		喪失率		ライブ係数 [1]		金額
※	56 歳〜60 歳	9,955,457	×	0.56	×	3.7171	=	20,723,040
	60 歳〜67 歳	2,550,000	×	0.56	×	(9.2526 − 3.7171) [2]	=	7,904,694
								28,627,734

5.　弁護士 A と学生 F の会話

（学生 F は法科大学院の学生。現在，大学院の授業として弁護士 A の法律事務所で研修しているが，1 年生なので法律の知識はまだ乏しい）

（1）B が保険会社から損害の補償を受けて本件事案は解決

学生 F：B も何とか職場に復帰でき，事故による損害の補償も得られることになりよかったですね。

弁護士 A：何より，B が想像以上に回復したことが大きい。事故直後の朝，妻 C に呼ばれて病院に行ったとき，正直に言うと，私は，B が職場に復帰できるまでに回復するとは思わなかった。リハビリでは B も頑張ったが，B に終始付き添って B を支えた C もたいへんだったと思うよ。夫婦の愛情に支えられた二人三脚での回復だよ。それにしても，ほんとに B は運の強い男だ。これで昔の B への借りも返したことになるな。

学生 F：その「昔の借り」って何ですか。

弁護士 A：それは，もう時効だ。さて，今回の件は，B が，保険会社から人身傷害保険による補償を受けて解決することができた。それでは，F 君，今回の交通事故の被害者である B は，法律上，誰に対し，どのような法律上の根拠に基づき，どんな内容の請求ができるか，簡単に説明してくれますか。

（2）バイクの運転者に対する損害賠償請求

学生 F：まず，無免許でバイクを運転していた少年に対して損害賠償の請求ができます。本件事故については，目撃者がいないため，バイクが走行していた道路の事故現場手前の信号が青か赤かについては，少

年の供述以外に確たる証拠がありませんが，仮に，信号が青だったとしても，少年が前方をよく注意して運転していれば，道路を右から左に横断してくるＢを事前に発見し，ブレーキをかけたり，ハンドル操作をしたりするなどして，事故を避けることができたはずです。また，少年は無免許なので，そもそも運転技術が未熟であった可能性もあります。したがって，本件事故について，少年には過失があるので，被害者であるＢはバイクを運転していた少年に対し，民法709条に基づいて，損害賠償の請求をすることができます。

（3）運行供用者責任（自賠法３条）

弁護士Ａ：運転者である少年のほかにも，本件交通事故でＢが受けた損害について，責任を負う者がいますか。

学生Ｆ：はい。運転者の少年にバイクを貸した少年の友人（バイクの所有者）にも，自動車損害賠償保障法（自賠法）３条に基づく損害賠償責任があります。自賠法３条は，「自己のために自動車を運行の用に供する者は，その運行によつて他人の生命又は身体を害したときは，これによつて生じた損害を賠償する責に任ずる。」とあります。バイクは「原動機付自転車」で，自賠法３条の「自動車」にあたります（同法２条１項）。また，このバイクは少年の友人が，自分が運転するために所有していて，事故を起こした少年に貸したものなので，バイクを貸した少年は自動車の「運行供用者」として責任を負います。

弁護士Ａ：民法709条の運転者の責任と，自賠法３条の「運行供用者」の責任とで，責任が発生する要件に何か違いがありますか。

学生Ｆ：はい。民法709条の運転者の責任については，運転者に過失（落ち度）があることが要件になります。自賠法３条の「運行供用者」の責任については，①事故について運行供用者と運転者に過失がなかっ

たこと，②事故の被害者や第三者に故意又は過失があったこと，③事故を起こした自動車に欠陥や故障がなかったことなどを，加害者側が証明できない限り，責任を免れないとの規定になっています。自賠法3条では，原則として，運行供用者（例えば所有者）は事故により生じた損害について責任を負うものとし，責任を免れる要件を非常に狭くしています。この自賠法3条によって，自動車事故による被害者は，民法709条の不法行為を適用した場合と比べて，より広い範囲で救済されることになります。

（4）少年らの親の責任

弁護士A：そのとおりですね。それでは，バイクの運転者も所有者も17歳の少年ですが，Bは，少年らの親たちに対して責任を問うことはできますか。

学生F：う……ん。小学生ならともかく，未成年者（20歳未満の者）とはいえ少年らは17歳ですから，親の言うことなんか，なかなか聞きませんよね。

弁護士A：民法の条文に何か書かれていませんか？

学生F：（あわてて六法全書を開いて）はい。「未成年者は，他人に損害を加えた場合において，自己の行為の責任を弁識するに足りる知能を備えていなかったときは，その行為について賠償の責任を負わない。」（民法712条）「前二条の規定により責任無能力者がその責任を負わない場合において，その責任無能力者を監督する法定の義務を負う者は，その責任無能力者が第三者に加えた損害を賠償する責任を負う。」（同法714条1項）とあります。17歳になれば，バイクの運転免許をとることができるし，他人にけがをさせないように十分注意して運転しなければいけないことも分かっているはずですから，親の責任を問う

ことはできないと思います。

弁護士A：そうですね。運転者や所有者の少年が，たびたび事故を起こ
していて，それを親がまったく放任していたような特殊な事情があれ
ば別ですが，この事故で，バイクの運転者や所有者の親の責任を問う
ことは，まず無理でしょうね。

　それでは，本件の事故で責任を問えるのは，運転者とバイク所有者
の少年の二人であるとして，少年らに請求することができる損害賠償
の金額はどうなりますか。

（5）損害賠償の金額

学生F：被害者であるBが受けた損害として，次のものが考えられます。

ア）交通事故でけがをしたことによる損害

　病院の治療費や通院費等の実費（表 10-1 の①・④），入院中の休業
損害（⑤）と，けがをして入院やリハビリをせざるを得なかったこと
に対する精神的損害（傷害分の慰謝料）（⑥）が，これに該当します。

イ）後遺障害による損害

　Bの場合，事故によって後遺障害が残ってしまい，将来得られるは
ずの収入が減少したことによる損害である逸失利益（⑧）と，後遺障
害が残ったことによる精神的損害（後遺障害分の慰謝料）（⑨）があ
ります。ア）の金額が 9,590,826 円（⑦），イ）の金額が 33,627,734 円（⑩）
で，損害賠償を求める金額の総計 43,218,560 円（⑪）になります。

（6）過失相殺（民法 722 条 2 項）

弁護士A：この事故で，Bは，バイクの運転者や所有者の少年らに対し，
43,218,560 円全額の損害賠償請求ができますか。

学生F：この件では，Bは，近くに横断歩道があるのに，そこを横断せ

ず，また，事故当時，かなり酒を飲んでいたようなので，Ｂにも，この事故について落ち度（過失）があったと考えます。Ｂの落ち度の割合（過失割合）は，バイクが走行していた道路の事故現場手前の信号が赤か青かによって，大きく異なります。

弁護士Ａ：仮に，バイク側の信号が青だった場合，どうなりますか。

学生Ｆ：そうですね。裁判例を集めて分析した「過失相殺の認定基準」によると，過失割合は，歩行者7，バイク3が基本とされています。本件では，Ｂは相当酒を飲んでいたので，この点はＢにさらに不利になると考えます。ただ，少年のほうも無免許なので，この点で，少年も不利になります。本件で，バイク側の信号が青で，Ｂの過失割合が7割とすると，Ｂが少年らに対して損害賠償として請求できる金額は，43,218,560円の3割の12,965,568円になります。

弁護士Ａ：仮に，バイク側の信号が赤だった場合，どうなりますか。

学生Ｆ：基本的には，バイクが赤信号を無視したために起きた事故と判断できるので，歩行者の過失は，多くても1割程度と考えます。この場合，Ｂが少年らに賠償を求めることができる金額は43,218,560円の9割の38,896,704円になります。

弁護士Ａ：そうですね。この事件では，バイク側の信号が赤か青かによって，過失割合が大きく異なり，Ｂが少年らに請求できる金額に大きな違いが生じます。バイク側の信号が青で，Ｂの過失割合が7割ということになると，Ｂが少年らに請求できる金額は12,965,568円になります。ここから治療費などの実費（表10-1の①～④の合計2,729,578円）を引くと，残りは10,235,990円となります。さらに，ここからＢが入院やリハビリで会社を休んで給料が減額したことによる損害（⑤の休業損害）5,211,248円を引くと，Ｂの手元には5,024,742円しか残らないことになり，後遺障害によって大きなハンデを負ったＢは，そ

172

の後の人生において，家計を維持することが困難な状況になってしまいます。

（7）保険による損害の填補
①強制保険

弁護士A：ところで，本件については，被害者Bの妻Cが加入している自動車保険でBの損害を補償してもらうことができましたが，加害者の少年らには資力がありませんね。少年らには法律的に損害賠償をする義務があるとしても，現実にお金を払ってもらえなければ，交通事故の被害者は救済されません。自賠法では，この点について，何か手当てをしていますか。

学生F：はい。交通事故の被害者を保護するため，自賠法には，自動車損害賠償責任保険（強制保険）をかけなければ，自動車を運転してはならない定めがあります（自賠法5条）。

弁護士A：今回のバイクも強制保険には入っていたようですが，この強制保険で，Bは損害賠償金全額の支払いを受けることができたでしょうか。

学生F：強制保険で支払われる損害賠償金には上限があって，けがだけで後遺障害が生じない事案（傷害事案）で120万円，死亡事案で3,000万円，常時介護を要するような極めて重大な後遺障害事案でも4,000万円が限度です。したがって，傷害事故でも手術や長期間の入院が必要で治療費や休業補償の金額が膨らんだ場合，死亡事故や被害者に後遺障害が生じるような重大な事故の場合には，強制保険ではとても足りません。Bの場合は後遺障害等級7級4号ですので，強制保険の上限は1,051万円になります。これに，傷害分の120万円を足しても，強制保険からは1,171万円（1,051万円＋120万円）しか支払われません。

先ほど検討したように，バイク側の信号が青で，Ｂの過失が 7 割ある
ような事故でも，損害賠償の額は 12,965,568 円になるので，強制保険
により補償される額は，この金額にも足りません。信号が赤で，Ｂの
過失割合が 1 割の場合，損害賠償額は 38,896,704 円になるので，強制
保険による補償額は，その 3 分の 1 にも達しないことになります。

②対人賠償保険（任意保険）

弁護士 A：そのとおりですね。自分が交通事故の加害者になった場合，
多くの事案では，強制保険だけで損害賠償金を支払うことができませ
ん。不足額が数百万，数千万円になった場合，自分の財産で支払える
人は少ないでしょう。また，仮に支払うことができたとしても，損害
賠償金の支払いのために自宅を売らざるを得なくなったり，巨額の借
金を抱えたりするなど，被害者だけでなく加害者も路頭に迷うことに
なります。このような場合に備え，多くの人が「任意保険」である対
人賠償保険に加入して，保険で損害賠償金の全額が支払われるように
しています。対人賠償保険の支払限度額（保険金額）を「無制限」と
すれば，人身事故の損害賠償金の金額が高額になったとしても，加害
者に自己負担が生じることはありません。

③人身傷害保険

弁護士 A：ところで F 君。今回の事故では，被害者 B の妻 C が加入し
ていた自動車保険を使用して補償をしてもらいましたが，保険のどの
ような仕組みで B の損害が補償されたか分かりますか。

学生 F：強制保険も対人賠償保険も「賠償責任保険」といわれるもので，
交通事故の加害者が法律上の損害賠償義務を負担した場合に，自分の
財産からではなく，保険金で損害賠償金を支払ってもらおうという制
度です。ただ，本件の場合には，B は交通事故の被害者，つまり，損
害賠償金をもらうほうで，法律上の損害賠償義務を負担するわけでは

ありませんので，強制保険や対人賠償保険は適用にならないと思います。保険会社はどうしてＢにお金を払ったのかなあ。これは保険会社のサービスですか？

弁護士Ａ：サービスで何千万円もの大金を支払う会社はありません。Ｃは，対人賠償保険に加えて，「人身傷害保険」にも入っていたため，補償を受けることができたのです。この人身傷害保険は，自分やその家族が交通事故の被害者になった場合，その損害を補償してもらうための保険です。法律上の損害賠償義務を負担した場合に支払われる強制保険や対人賠償保険とは，その性質がまったく異なります。ところでＦ君，仮に少年のバイクが対人賠償保険に加入していたとした場合，対人賠償保険と人身傷害保険とで，被害者が支払いを受けられる補償の額について，何か違いがありますか。

学生Ｆ：対人賠償保険は加害者の保険で賠償金が支払われる，人身傷害保険は被害者の保険で補償を受けられる違いはありますが，金額に違いがあるとは思いません。

弁護士Ａ：対人賠償保険については，加害者が「法律上の損害賠償義務」を負担した場合に支払われる保険であることは理解できていますね。それから，先ほど，君は，被害者に過失があった場合には，過失相殺によって，加害者に請求することができる損害賠償の金額が減額されるという説明を自分でしていますよね。

学生Ｆ：それで分かりました。被害者に過失がある場合，加害者の保険（対人賠償保険）では，過失相殺後の損害賠償金しか支払われないのに対し，被害者の保険（人身傷害保険）では，過失割合に関係なく，損害の全額が支払われることになります[3]。

弁護士Ａ：そうですね。人身傷害保険でも，支払いの上限である「保険金額」の範囲内という条件がありますが，Ｃが契約していた自動車保

険では，人身傷害保険の保険金額（支払限度額）が 5,000 万円とされ
ていました。今回の事故で B に生じた損害額が 43,218,560 円で，5,000
万円の範囲内でしたので，損害の全額が保険で支払われることになっ
たのです。

学生 F：そうすると，今回の件は，奥さんの C が人身傷害保険に加入
　　していて，その保険で，事故による損害を補償してもらうことができ
　　たことが解決の重要なポイントになったわけですね。人身傷害保険に
　　入っていなかったら，どうなったんでしょうか。

弁護士 A：F 君はどう考えますか。

学生 F：強制保険では足りないし，仮にバイクが任意保険に入っていた
　　としても，バイク側の信号機が赤か青かによって B の過失割合が異
　　なり，損害賠償額に大きな違いが生じるので，解決は相当に難しそう
　　ですね。

弁護士 A：そのとおりです。対人賠償保険に入っている場合，弁護士が
　　被害者の代理人として加害者の保険会社と交渉し，示談で解決する場
　　合も多いのですが，この件は，損害賠償金を算定するための基本とな
　　る事実関係，即ち，バイク側の信号機が赤か青かについて争いがある
　　ので，裁判を起こさないと決着がつかない可能性が高かったと思いま
　　す。交通事故による損害賠償の解決には裁判のほかにも，裁判所に対
　　する民事調停の申し立て，公益財団法人交通事故紛争処理センターに
　　よる和解の斡旋や審査の申し立てなどの方法がありますが，訴訟以外
　　の方法で解決することは難しかったでしょうね。

④通勤災害（労働者災害補償法）

弁護士 A：最後に F 君への宿題です。仮に，B が，会社での勤務を終わっ
　　た後，どこにも寄らずに自宅に帰る途中で交通事故にあったケースを
　　考えてください。また，今回の件とは異なり，B の妻 C が人身傷害

保険に加入していなかったとして，Bに生じた損害について，何かほかの方法で補償を受けることができないかどうかを検討してみてください。

学生F：分かりました。通勤途中の交通事故なので，会社に責任があるとも思えませんが，会社勤務との関係で，何か方法がないかどうか調べてみます。

以上

》注

（1）交通事故が2020年4月1日以降に発生した場合の係数であり，この日より前に発生した交通事故の場合の係数は3.5460になる。これは，2020年4月1日に施行された改正民法で，法定利率が年5％から3％に変更されたためである（民404条2項）。

（2）注1）と同様の理由により，2020年4月1日より前に発生した事故については，この係数は（8.3064 − 3.5460）となる。

（3）人身傷害保険により支払われる損害の額は，契約した保険の保険約款で定められている。保険約款で定められた損害の額は，被害者が加害者に対して裁判で請求した場合に認められる損害の額（過失相殺前の額）より低めに定められている場合が多い。したがって，厳密な意味では，人身傷害保険により支払われる損害の額と被害者が加害者に対して裁判で請求した場合に認められる損害の額（過失相殺前の額）との間に差異が生じることがある。

11 | 日常生活で生じる事故による紛争とその解決(2) — 学校体育中の事故を例として

徳田 暁

《目標＆ポイント》 日常生活において，交通事故以外にどのような事故による紛争が発生し，責任が生じるかを概観するとともに，学校体育活動中の事故を例として，事故の危険が内在しているスポーツ事故について，深く掘り下げながら，その具体的な解決方法，及び，その予防について解説をする。
《キーワード》 事故による損害，賠償責任保険，証拠保全手続，不法行為責任，過失，結果予見可能性，結果回避可能性，安全配慮義務，因果関係，損害，使用者責任，国家賠償法，事故予防，事故後対応

```
（事故と補償，保険の例）
・交通事故 ～ 自動車賠償責任保険，任意保険
・医療過誤，介護事故 ～ 病院賠償責任保険，医師賠償責任保険，介
                       護事業者（福祉事業者）向け賠償責任保険，
                       介護福祉士向け賠償責任保険
・学校事故，スポーツ事故 ～ 災害共済給付金制度，スポーツ安全保
                       険
・労災事故 ～ 労災保険法
```

1. 市民生活で発生する事故

事故とは思いがけず起こった悪いできごとのことであるから，そのすべてを取り上げて類型化することはできないが，市民生活の中ではさまざまな事故が起こっている。そして，不可抗力による自然災害や自損事

故であればともかく，他人との関係性の中で事故が発生すれば多くの場合，その法的，道義的責任や被害者に対する損害賠償が問題となる。この点，日常の中で多く生じており，当事者の責任の所在や補償が問題となり得る事故について，その内容や発生する場面に応じて分類すれば，例えば，交通事故，医療過誤，介護事故，学校事故，スポーツ事故，労災事故等が挙げられよう。

そこで本章では，事故における法的責任や補償の現状について，学校体育中の事故を例に概説した上で具体的な裁判例を考察していきたい。なお，事故の代表的なものとしては交通事故があるが，これは別途第10章において，事例をもとに具体的な対応を掘り下げて考察している。

2. 事故にあった場合の補償

（1）事故により発生する損害の内容（どのような損害を賠償する必要があるか）

まず，万が一，こうした事故が発生した場合には，被害者に，どのような損害が発生するのだろうか。代表的なものを挙げるだけでも，次の表にあるとおり，多岐にわたっている。

「入通院治療費」「入通院付添費」「通院交通費」「入院慰謝料」「入院雑費」「休業損害」「後遺障害慰謝料」「後遺障害逸失利益」「将来の介護費用」「死亡慰謝料」「葬儀費」「弁護士費用」…

そして，この発生した損害について，加害者に法的責任が認められれば，加害者は被害者に対し損害賠償として支払わなければならない。重篤な事故，また被害者が若年であればあるほどその損害の額は高額となり，億単位の金額となることも決して珍しいことではないのである。

（2）　事故類型による補償の格差
①労災事故
　労災事故とは，業務上の事由または通勤による事故（業務災害または通勤災害）であるが，これについては，政府が保険者である社会保険制度の一つとして，労災保険法に基づき，労働者が故意に災害を発生させた場合などの所定の除外事由がない限り，加害者や事業主の故意過失を問わず，所定の保険給付が受けられるから，被災者は手厚く補償される[1]。
②交通事故
　交通事故についても，自動車損害賠償保障法により，自動車,バイク（二輪自動車，原動機付自転車）を運行する者は自動車損害賠償保険に加入することが義務づけられているから，被害者は，所定の補償を受けられる制度があるほか,自賠責保険の補償基準を超える賠償に対応する対人・対物無制限の任意保険も一般的に普及しており，相当な補償を受けられる可能性は高い。
③医療過誤，介護事故
　他方，医療過誤や介護事故については，通常，病院や介護事業者は賠償責任保険に加入しており，勤務医や介護福祉士向けの賠償責任保険もある。しかし，賠償責任保険に加入するか否か，加入するとして，どのような条件，限度額の保険にするかは，基本的に，個々の病院や事業者等の任意に委ねられており，病院や事業者の規模，経営状態にも左右される。したがって，相当な賠償が受けられることが確実とまではいえないのである。
④学校事故，スポーツ事故
　学校事故においても，国公立の学校であれば国家賠償の問題となり，賠償資力の不足は考えられないが，私立の学校であれば病院や介護事業者と同様のことがいえる。もっとも，学校管理下の事故については，独

立行政法人日本スポーツ振興センター法に基づく災害共済給付金制度が
あり，一般的に保護者においては，同共済に加入していると思われるか
ら，同共済所定の一定の補償は受けられるだろう。

　しかし，学校管理下にないスポーツ事故の場合は，スポーツ少年団，
スポーツクラブ等の団体活動中，往復交通中の事故を対象とした4人以
上のスポーツ団体が加入できるスポーツ安全保険や，スポーツ事故を対
象とした任意保険はあるものの，個人練習中の事故は対象となっておら
ず，また選手間における事故等については無保険の場合も多く，自身の
傷害保険がなければ,十分な補償を受けられない現状があると思われる。

（3）事故が発生した場合の紛争解決のプロセス

　それ故，事故が発生した場合は，加害者の法的責任をめぐって紛争が
発生する場合も少なくないが，その解決までのプロセス，手続を図示す
れば，次のとおりである。

　図に示した証拠保全とは，裁判等で利用する証拠の散逸や隠滅を防止
すべく，事前に裁判所を通じて証拠を保全する手続のことであるが（民
訴法234条），医療過誤事故においては一般的に行われることが多く，
事故態様に関する証拠が少なく，その確保が難しい介護事故やスポーツ
事故においても，有用である。

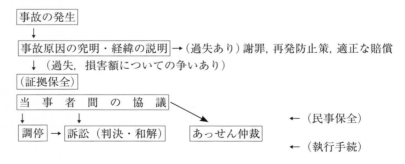

3.　事故が発生した場合の責任

（1）事故において問われる可能性のある責任

　さて，一口に事故の責任といってもその内容は一義的ではない。すなわち，事故において問われる可能性のある責任は，大きく分けると，①民事責任，②刑事責任，③社会的責任，④道義責任，⑤行政上の責任，の5つに分類できる。

（事故において問われる可能性のある責任）
①民事責任　→　不法行為責任（民法 709 条，715 条，717 条），債務不履行責任（民法 415 条），国家賠償法
②刑事責任　→　過失傷害罪（刑法 209 条），過失致死罪（刑法 210 条），業務上過失致死傷罪（刑法 211 条），暴行罪（刑法 208 条），傷害罪（刑法 204 条）
③社会的な責任　→　報道，懲戒処分
④道義的な責任　→　謝罪，事後対応，将来の予防対策
⑤行政上の責任　→　監督官庁の勧告，指定許可の取り消し，業務改善命令（例，介護保険法 77 条，84 条，92 条，102 条，103 条，104 条）

　この点，刑事責任については，交通事故の場合は問われることも多いが，医療過誤や介護事故，学校事故やスポーツ事故においては，個々の職員が刑事責任まで問われることは，よほど悪質な事案でなければ，あまりないと思われる[2]。

　また，報道については，社会的に耳目を集めるような大きな事故の場合に問題となるが，学校事故の場合は，その公共性の高さから，比較的，軽微な事故であっても，報道の対象となることがあるだろう。

　これに対して，民事責任及び道義的な責任については，ほとんどの事故の場合に問題となり得る。そこで以下では，本章の主要なテーマである民事責任について，学校体育中の事故の事例を解説していこう。

（2）学校事故の状況

　学校事故の状況はどのようなものだろうか。この点，すべてを網羅した正確な統計があるわけではないが，学校管理下における事故について，独立行政法人日本スポーツ振興センターによる災害共済給付金支給件数のデータが参考になる。

独立行政法人日本スポーツ振興センター災害給付金支給件数[3]
・年度ごとの支給件数
（平成 25 年度）死亡事例 93 件，障害事例 380 件，合計 473 件
（平成 26 年度）死亡事例 83 件，障害事例 409 件，合計 492 件
（平成 27 年度）死亡事例 89 件，障害事例 431 件，合計 520 件
・平成 27 年度の学校種別による支給件数
（保育園）15 件，（幼稚園）5 件
（小学校）102 件，（特別支援学校，盲・聾・養護学校（特別支援学校等
　の小学部）1 件
（中学校）160 件，（特別支援学校等中等部）2 件
（高等学校）216 件，（特別支援学校等高等部）12 件
・平成 27 年度の場面別支給件数
（通学中）58 件，（休憩時間中）94 件
（各教科中）85 件，（その内体育教科中）64 件
（体育的部活動中）195 件，（体育的クラブ活動）1 件
（運動会・体育祭・競技大会・球技大会・健康体育的行事）16 件

　これを見ると，学年が高くなればなるほど事故の発生件数は増え，また，体育教科，体育部活動中等の身体的活動を伴う場面での事故の発生件数が過半数を占めている。休憩時間中の事故についても，グラウンドでの運動中のものが多い。すなわち，学校教育，特に体育や部活動スポーツは，身体的活動等を伴うものであるから，活動それ自体に本質的な危険が内在（内在的危険）しているといえよう。

（3）民事責任の具体的な内容

　こうした事故があった場合，どういう要件で民事責任，すなわち損害賠償責任が発生するのか，具体的な事例をもとに考えていきたい。

　なお，前記のとおり，特に部活動スポーツ等においては，身体的活動等を伴うから，活動それ自体に本質的な危険が内在しているといえる。（内在的危険）。そのため，生徒同士，選手間同士のルールを遵守しての行為による事故であるならば，参加した生徒の責任は，「社会的相当行為」あるいは「危険の引き受け」「被害者の承諾」の法理から，違法性が阻却され，損害賠償責任が発生しない場合も多いであろう[4]。

　しかし，学校ないし担当教諭については，後記のとおり，事故結果が予見可能であり，指導等により回避可能であった場合には，生徒がルールを守っていたか否かに関わらず，損害賠償責任が認められる。また，実際に学校事故が発生した場合には，生徒間同士の事故であっても，直接の加害行為をした生徒の個人責任を追及する事例は少なく，学校や担当教師の責任を問題にすることが一般的である。そこで，以下では，主に学校ないし担当教諭の責任を念頭に考察していくこととする。

（事例）

Y1 高校の生徒 X は体育の授業中に熱中症で倒れ，保健室に運び込まれたが，養護教諭 Y2 が単なる体調不良であると軽信し，すぐに救急車を呼ばなかったため，重篤な後遺障害が残った。

---

①根拠となる法律構成[5]

ア　Y1 高校が私立高校であった場合

Y1 高校が私立高校であった場合，X は Y1 に対し，在学契約上の債務不履行に基づく損害賠償請求が可能であり（民法第 415 条），Y2 個人に対しては，不法行為に基づく損害賠償請求ができる（民法第 709 条）。また，X は Y1 に対し，Y2 の使用者としての責任を追及することも可能（民法第 715 条 1 項）である。そして，Y1 が X に損害賠償を支払った場合，Y1 は Y2 に対して，支払った金額の一部を求償することができる（民法第 715 条 3 項）。

イ　Y1 高校が公立高校であった場合

Y1 高校が公立高校であった場合，X は Y1 に対し，国家賠償法に基づく損害賠償請求をすることができるが，Y2 に対しては損害賠償請求をすることができない（判例・通説）。これは，公益のための公務が萎縮することを防止するため，及び一般に，国家や公共団体には十分な賠償資力があるからであると説明されている。また同様の趣旨から，Y1 が X に損害賠償請求を支払った場合でも，Y2 に重大な過失がある場合に限り，Y1 は Y2 に対して求償をすることができることとなっている。

（私立学校と公立学校の対比）

	私立学校	公立学校
X → Y2	（故意・過失があれば）請求可。	請求不可。
X → Y1	（Y2 に故意・過失があれば）請求可。	（Y2 に故意・過失があれば）請求可。
Y1 → Y2	（Y2 に故意・過失があれば）請求可。	（Y2 に故意・重過失があれば）請求可。

②損害賠償責任の発生要件

　　ここで押さえておくべきポイントは，「事故の発生＝法的な責任（損害賠償責任）」ではないということである。すなわち，前記いずれの法律構成によっても，どうすることもできなかったという不可抗力の事故には，法的責任はない。

　　損害賠償責任が認められるには，加害者の「過失」が必要であり，また，「過失」と「損害」との間に「因果関係」も必要なのである。

> 損害賠償責任の要件：「過失」←「因果関係」→「損害」

③過失の内容（どのような場合に過失があるといえるのか）

　　それでは，学校ないし担当教諭が損害賠償責任を負う要件である「過失」は，どのような場合に認められるのであろうか。

　　まず，学校事故において学校の設置者には，在学契約ないしこれに準じる関係（公立学校の場合）に付随して信義則上，生徒児童の安全に配慮すべき注意義務を負っており，この安全配慮義務違反が，不法行為責任における過失の内容にもなっているから，学校事故の場合，過失を問われる前提として，安全配慮義務違反という注意義務違反が必要である[6]。すなわち，学校事故において，学校の

教師は,「学校における教育活動により生ずるおそれのある危険から生徒を保護すべき義務を負っており,危険を伴う技術を指導する場合には,事故の発生を防止するために十分な措置をすべき注意義務がある」[7]。また部活動中の事故においても,「(部活動は)教育活動の一環として行われるものであるから,部活動の指導者が部活動により生じるおそれのある危険から部員(生徒)を保護すべき義務を負うのは当然であり,事故の発生を未然に防止すべき一般的な注意義務を負うのは,いうまでもない」[8][9]とされている。

　そして,この注意義務違反があるといえるためには,当該具体的な事案の事実関係における①『結果予見可能性』と②『結果回避可能性』が存在しながら,漫然と結果を予見せず,あるいは,回避しなかったことにより,被害者に損害を与えたという関係が必要なのである。

> ①結果予見可能性　②結果回避可能性

4. 具体的な事例検討

　さて,こうした学校体育中の事故があった場合の法的責任は,実際の裁判の場で,どのように判断されることになるのだろうか。

　ここでは,全国的に多数の事故が発生し,頸椎損傷等の重篤なけがにつながりやすい組(立)体操の崩落事故[10],及び毎年のように発生している自然災害であり[11],指導教諭の法的責任が認められた部活動における試合中の落雷事故に関する裁判例を取り上げた。これを見ると,一般論として,指導教諭らは,生徒を管理し指導する立場にあるのであり,本来安全であるべき教育の場における危険に関しては,これを的確に予見し,回避する手段を尽くす必要があるといえよう。さらに,学校

体育，スポーツには，必然的に危険が内在しているから，その危険性の程度，指導水準，科学的知見等も教師等の安全配慮義務の内容を判断する要素となるし，生徒の技量や能力，学年，年齢等も考慮されることとなる。すなわち，当該学校体育活動の内容，事故態様等の具体的な個別事情に応じて，事故が予見できたか否か，事故を回避できたか否かが判断されることになるのである。

（1）　組体操事故判例

> 　A 県の B 県立高校においては，前年度の体育大会においても 7 段の人間ピラミッドに失敗しており，8 段の人間ピラミッドを成功させたことは一度もなかったが，今年度の体育大会では生徒の希望を受けて 8 段の人間ピラミッドに挑戦することとなった。そこで，体育の授業で練習中，当日の授業では，当初，5 段を目標とするピラミッドの完成を予定していたが，順調であったことから，急遽 6 段目以上を構築することに方針を変更した。しかし，6 段目以上のピラミッドの構築については，生徒に対し事前の明確な周知がされていなかった。その結果，6 段目が上がりかけたところでピラミッドが崩落し，最下段中央に位置した生徒 C が下敷きとなり，頸椎骨折等の傷害により身体障害等級 1 級の障害が残った。

　この事案において，福岡高裁平成 6 年 12 月 22 日判決[12]は，次のとおり，判断して，指導教諭，校長の過失を認めている[13]。

①学校一般における注意義務

　「B 県立高校の設置者である A 県は，C の入学，在籍を許可していたのであるから，学校教育の場において生じ得る種々の危険から C の生命，身体等を保護するために必要な措置をとるべき一般的な注意義務を負っている。」

②体育授業における注意義務

「すべての体育実技の授業は必然的に一定の危険を内在させているのであるから，これを指導する教師等は，指導計画の立案策定から指導の終了に至るまで，当該授業にいかなる危険が存在するか的確に予見し，右予見に基づいて適切な事故回避のための措置をとることが要求されている。」

③８段ピラミッド採用の過失

「（高さ５メートルにも及ぶ８段のピラミッドが途中で崩落する危険を予見できないことはあり得ないから）８段のピラミッドを体育大会の種目として採用するにあたっては，参加生徒の資質，習熟度，過去の実績等について慎重な検討を必要とするものというべき（だが，）Ｂ高校においてはこれまで８段のピラミッドを成功させたことは一度もなく，前年の体育大会において７段を二度も失敗していたにもかかわらず，生徒らの希望をそのまま受け入れ，学校長も指導教諭らの意見に何ら疑問を呈することなく承認した。」

④練習計画の策定実施についての過失

「しかも，前年度の失敗の原因を分析研究（等しないまま，）目標段以外は前年度とほとんど変わらない練習計画をそのまま策定実施したものであって，指導教諭ら及び学校には杜撰で無理な練習計画を安易かつ漫然と策定実施した過失があ（る）。」

⑤人間ピラミッドの組み方指導についての注意義務

「事故発生当時，５段を目標とするピラミッドの完成を予定しながら５段目がほぼ完成した段階で方針を変え，一気呵成に６段目以上の構築を指示したが，６段目以上については生徒に対し事前の明確な周知がされてなかったのであるから，その方針変更が１段目から６段目までの生徒の集中力と力配分に対し微妙な心理的影響を与えたであろうことは容易に推知できる。」

⑥ピラミッドの補助体制についての過失

「多くの補助者を動員して中央中断部分に指示を与えることにより崩落の危険性を少しでも緩和する等の対策を講ずべき注意義務があるのにこれを怠った。」

⑦人間ピラミッドの崩れ方についての過失

「平素から完成前崩壊による事故の防止対策にも留意し，できるだけ完成後分解と同一の姿勢を保持するよう指導を徹底し，臨機応変の練習を段階的に繰り返し，その要領を全参加者に会得させるよう努めるべきはもちろんであるが，完成途中のピラミッド全体を見渡せる地点に補助者を配置し，崩れる気配を感じたら，笛，太鼓等の合図により臨機応変にむしろわざと崩させる手段に訴えてでも事故の発生を未然に防止すべき注意義務を負担している。」

（2）落雷事故判例

　私立のB高校に在籍し，サッカー部に所属していたCが，A市で開催されたサッカー競技大会に課外のクラブ活動の一環として参加していた際に落雷を受けて重度障害が残った。

　B高校の第1試合が開始された平成8年8月13日午後1時50分頃には，サッカー場の上空には雷雲が現れ，小雨が降り始め，時々遠雷が聞こえるような状態であった。試合が終了した同日午後2時55分頃からは，上空に暗雲が立ち込めて暗くなり，ラインの確認が困難なほどの豪雨が降り続いた。同日午後3時15分頃には，大阪管区気象台から雷注意報が発令されたが，大会の関係者らは，このことを知らなかった。同日午後4時30分の直前頃には，雨がやみ，上空の大部分は明るくなりつつあったが，サッカー場の南西方向の上空には黒く固まった暗雲が立ち込め，雷鳴が聞こえ，雲の間で放電が起きるのが目撃された。雷鳴は大きな音ではなく，遠くの空で発生したものと考えられる程度ではあった。

> 　B高校の第2試合は，同日午後4時30分頃，このような気象状況の
> 下で開始されたところ，同日午後4時35分頃，Cに落雷があり，その結果，
> Cには，視力障害，両下肢機能の全廃，両上肢機能の著しい障害等の後
> 遺障害が残った。

　この事案において，最二判平成18年3月13日[14]は，要旨，次のと
おり判断して，指導教師らの過失を否定した原審判決を破棄，差し戻し
た。

①学校の課外活動中の教師の注意義務

　「教育活動の一環として行われる学校の課外のクラブ活動においては，
生徒は担当教諭の指導監督にしたがって行動するのであるから，担当教
諭は，できる限り生徒の安全に関わる事故の危険性を具体的に予見し，
その予見に基づいて当該事故の発生を未然に防止する措置を執り，クラ
ブ活動中の生徒を保護すべき注意義務を負うものというべきである。」

②落雷についての科学的知見

　落雷による死傷事故は，平成5年から平成7年までに全国で毎年5～
11件発生し，毎年3～6人が死亡しており，落雷事故を予防するため
の注意に関しては，平成8年までに，「運動場等にいて，雷鳴が聞こえ
るとき，入道雲がモクモク発達するとき，頭上に厚い雲が広がるときは，
ただちに屋内に避難します。雷鳴は遠くかすかでも危険信号ですから，
時を移さず，屋内に避難します。」との趣旨の文献の記載が多く存在し
ている。

③落雷事故の予見可能性

　「B高校の第2試合の開始直前頃には，本件運動広場の南西方向の上
空には黒く固まった暗雲が立ち込め，雷鳴が聞こえ，雲の間で放電が起
きるのが目撃されていた」から，「上記雷鳴が大きな音ではなかったと
しても，同校サッカー部の引率者兼監督であった担当教諭としては，上

記時点頃までには落雷事故発生の危険が迫っていることを具体的に予見することが可能であったというべきであり，」過失がある。

④平均的なスポーツ指導者の認識に左右されないこと

「このことは，たとえ平均的なスポーツ指導者において，…雨がやみ，空が明るくなり，雷鳴が遠のくにつれ，落雷事故発生の危険性は減弱するとの認識が一般的なものであったとしても左右されるものではない。なぜなら，（こ）のような認識は，…当時の科学的知見に反するものであって，その指導監督にしたがって行動する生徒を保護すべきクラブ活動の担当教諭の注意義務を免れさせる事情とはなり得ないからである。」

5.　まとめ

（1）　なぜ，事故は繰り返されるのか

　最後に指摘しておきたいことは，事故を起こさないことが最も重要だということである。例えば，今回取り上げた学校体育活動中の組体操事故や落雷事故等は，何度も繰り返されているが，これらは，不可避的にスポーツや体育に内在する危険が現実した事故とはいえず，防げるはずの事故である。このような場合，スポーツ活動，体育には危険が内在しているから事故は仕方がないとはいえない。危険が内在しているからやめてしまおうという対応も相当ではない。

　この点，事故予防において大事なのは，①先例，失敗に学ぶということと，②具体的な事故防止基準，安全基準を検証策定するということ，である。具体的な事故防止基準，安全基準が検証，策定されなければ，現場で実施することはできない。したがって，事故報道や判例等を通じて先例を知り，これを他人事とせずに学び，具体的な事故防止基準，安全基準という形で残していくという取り組みが重要ではないだろうか[15]。

（2） 事故後の対応の重要性

　万が一事故が起こってしまった場合には，事故後の対応に留意する必要がある。加害者とされる側においては，①「誠実に説明責任を尽くす」②「責任の範囲を明確にする」③「道義的に謝罪をすることで法的な責任は発生しない」という３点を実践すべきである。脚注(13)で紹介した名古屋地裁平成21年12月25日判決においては，小学校側の事故後の誠意のない対応を理由に金100万円の慰謝料が認められている。このように事故後に不適切な対応に終始したことで，早期に，話し合いで解決できたものが，こじれ，訴訟となり，紛争が拡大していく事例は枚挙にいとまがない。然るに，道義的に謝罪することは，過失を認めることにはならないのである。つまり，謝ったからといって，法的な責任が発生するわけではないということを心に留め，事故が発生した場合に誠意のある対応をすることは，法的責任の有無に関わらず，最も重要なことだと認識すべきであろう。

》注

（１）公務員については，国家公務員災害補償法，地方公務員災害補償法が適用される。

（２）高温多湿の真夏の炎天下の中，２時間以上のきつい練習を休憩時間なく，約5分の給水休憩の後，5,000メートルの持久走を実施したところ，生徒を熱中症により死亡させた事案で，業務上過失致死罪により罰金刑を言い渡した判決もある（横浜地裁川崎支部平成14年9月30日判決，裁判所ウェブサイト）。なお，熱中症に関しては，東京高裁昭和51年3月25日（判例タイムズ335号344頁）もラグビー部の顧問教諭に業務上過失致死罪の成立を認めている。また，生徒の遅刻指導のために閉めた校門に生徒が挟まれ圧死した事件で業

務上過失致死罪を認めた例もある（神戸地裁平成 5 年 2 月 10 日判決，判例タイムズ 815 号 234 頁）。

（3）独立行政法人日本スポーツ振興センター学校安全 Web 学校事故事例検索データベース。

（4）この点，最二判平成 7 年 3 月 10 日判決（判例タイムズ 876 号 42 頁）は，スキー場において，上方から滑走するスキーヤー（加害者）が，下方にいたスキーヤー（被害者）に衝突して怪我を負わせた事故について，加害者の滑走方法がルールやスキー場の規則に違反する証拠はないとして加害者の責任を否定した第一審，控訴審判決を破棄し，「スキー場において上方から滑走する者は，前方を注視し，下方を滑降している者の動静に注意して，その者との接触ないし衝突を回避することができるように速度及び進路を選択して滑走すべき注意義務を負う」として，ルールやスキー場の規則違反の有無に関わらず，加害者の責任を認めた。すなわち，近時の裁判例の動向としては，格闘技などの本来的に身体の接触が予定されているコンタクトスポーツにおいて，安全に関するルールが定められている場合には，ルールに違反したかどうかが重視されるものの，スキーのように，そもそも，身体的接触が予定されておらず，あるいは，その危険性が少ないことから，安全に関するルールが定められていないスポーツ競技においては，ルール違反の有無は重視されず，個別の事故状況に基づく「結果予見可能性」と「結果回避可能性」の有無によって，加害者の責任が判断されている。

（5）学校体育中の事故としては，例えば，プール事故の発生件数も多い。排水溝に吸い込まれたり，深さが不十分なプールに飛び込み頭部を打ちつけたりする等の事故が発生した場合には，本文中の民法 415 条の債務不履行，同 709 条，同民法 715 条の不法行為責任だけでなく，私立学校であれば，民法 717 条 1 項の工作物責任，公立学校であれば，国家賠償法 2 条の公の営造物責任の問題となり，プールの設置保存に瑕疵がある場合には，指導教員らの過失や債務不履行の有無に関わらず，学校側の責任が認められることとなる。

（6）安全配慮義務とは，「ある法律関係において特別な社会的接触関係に入った当事者間において，当該法律関係に付随する義務として，当事者の一方又は双方が相手方に対して信義則上負う義務であって，その内容は，当該法律関係の性質，当事者の地位及び安全配慮義務が問題となる具体的状況において決

せられるもの。」をいう（最三判昭和50年2月25日・最高裁判所民事判例集
29巻2号143頁）。

（7）体育授業中のプール飛び込み事故により全身麻痺となった事案に関する最二
判昭和62年2月6日（判例時報1232号100頁）。

（8）ラグビー部活動中に熱中症となり死亡した事故に関する佐賀地方裁判所平成
17年9月16日判決（裁判所ウェブサイト）。

（9）「いじめ」に関する東京高裁平成14年1月31日判決（判例時報1733号3頁）
も，「公立中学校における教員には，学校における教育活動及びこれに密接に
関連する生活関係における生徒の安全確保に配慮するべき義務があり，特に
生徒の生命身体精神財産等に，大きな危害が及ぶおそれがあるようなときに
は，そのような危険の現実化を未然に防止するため，その事態に応じた適切
な措置を講じるべき一般的な義務がある。」としている。そして同じく，「い
じめ」に関する横浜地裁平成21年6月5日判決（判例時報2068号124頁）は，
「もっとも，被害の発生を未然に防止するための『事態に応じた適切な措置』
とは一義的ではなく，学校教育における多様な目的に照らし，教育現場の高
度な裁量に委ねられる面も多く，適切な措置が何であるかについては，複雑
困難な問題があることも考慮されなければならない。」として，当該事案にお
ける具体的な個別事情が考慮されるべきことを前提としている。

（10）平成27年9月，大阪府八尾市の公立中学校の運動会で，10段ピラミッドが崩
れて生徒が負傷する事故の映像がインターネットに流れたことをきっかけに
社会的な注目が高まったことを受けて，平成28年3月25日，スポーツ庁政
策課学校体育室からも「確実に安全な状態で実施できるかどうかをしっかり
と確認し，できないと判断される場合には実施を見合わせること。」等を内容
とする「組体操等による事故の防止について」との事務連絡が出された。同
事務連絡においては，組体操については，年間8,000件を超える負傷事故が発
生し，昭和44年度以降の死亡者は9名，障害見舞金支給実績は92件，小学
校における事故が約6,300件で，全体の73％であることが明らかにされている。

（11）平成20年警察白書によれば，平成20年度には，年間2名が落雷事故で死亡等し，
12名が負傷している。

（12）判例時報1531号48頁。

（13）なお，市立小学校における組体操事故に関して，名古屋地裁平成21年12月

25 日判決（判例時報 2090 号 81 頁）は，小学生 6 年生の児童が 4 段ピラミッドの最上段から落下して怪我をした事故について，指導教員らの過失を認めて国家賠償請求を認めている。また，東京地裁 18 年 8 月 1 日判決（判例時報 1969 号 75 頁）も，運動会に向けた 5 名の組体操の練習中に小学生 6 年生の児童が転落してけがをした事故について，担当教諭らの過失を認めている。

　　この点，運動，スポーツについては，その性質上本来的に内在する危険があることから，これに参加する者は一定の危険を承認しているものとされ，過失相殺をされる事例が多い。しかし，本文中の 8 段ピラミッドの事件も含めて，学校体育における組体操事故判例に特徴的なのは，いずれの事案においても過失相殺が認められていない点である。学校においては，児童，生徒において教員の管理下にあってその指導に服する立場にあることが考慮された結果であろう。

(14) 判例タイムズ 1208 号 85 頁。

(15) 望月浩一郎「どうしてスポーツ事故は繰り返されるのか？―今のスポーツ事故対策に欠けているものは」（法律のひろば 2015 年 10 月号 21 頁以下。）参照この点，スポーツには危険が内在しているから事故が起きても止むを得ないとする「猪突猛進型」も，事故が生じるような危険なことだからやめてしまえという「石橋叩いても渡らず型」のどちらの意見も正しくないとして，「失敗例から学ぶこと」，「事故予防のための具体的基準の存在」の重要性について，重要な提言をしている。

12 | 雇用をめぐる紛争とその解決(1) ― 従業員の解雇について

川島　清嘉

《目標＆ポイント》　従業員が会社を解雇された事例を取り上げ，従業員と会社が，それぞれの弁護士に相談をする場面を設定して，弁護士が依頼者に対して助言を行う場合のプロセスを紹介します。とともに，各当事者が置かれた立場によって，物事の理解や判断に違いが生じることを理解します。新しく始まった裁判所の労働審判において，紛争がどのように解決されていくかの過程を説明します。

《キーワード》　雇用契約，就業規則，懲戒処分，労働契約法，労働審判

【登場人物の設定】
相談者 A：文具販売会社 S 企画を解雇された 40 代前半の女性。
相談者 B：S 企画の総務部長で 50 代前半の男性。
弁護士 Q：相談者 A から相談を受けた M 法律事務所所属の経験 10 年の男性弁護士。M 法律事務所は労働者側の代理人として多くの労働事件を担当している。
弁護士 R：S 企画の顧問弁護士で経験 30 年のベテラン。労働事件は使用者側で時々担当する程度で，労働事件の専門家ではない。

1.　労働者からの申し立て

　【夏のある日，M 法律事務所に 40 代前半の女性が思い悩んだ様子で訪ねてきた。相談を担当したのは M 法律事務所では中堅の弁護士 Q である】
弁護士 Q：どうしましたか。

相談者Ａ：私は，事務用品を扱うＳ企画株式会社という会社に正社員として勤めていました。短大を卒業して20歳のときに，アパレルメーカーに入社しましたが，上司とぶつかりすぐに辞めてしまいました。

　その後，専門学校に入り直し，IT関係の勉強をして，IT関連企業に入りました。そこでは，10年ぐらい勤めたのですが，やはり同僚や上司との折り合いが悪くなり，5年ほど前にそこも辞めました。Ｓ企画に入社したのは3年前ぐらいです。Ｓ企画では，最初は営業課に配属され，外回りの仕事をしていたのですが，取引先とちょっとしたトラブルがあって，その後は内勤の経理課に異動になりました。給料は月に20万円ほどもらっています。

弁護士Ｑ：正社員ということは，契約で雇用期間が1年とか2年とか決められていないということですね。

相談者Ａ：はい。Ｓ企画では定年が60歳なので，それまで働けることになっています。こんな会社に60歳までいたくはありませんが。先日，Ｓ企画の取引先であるＧ社横浜支店の担当者Ｎから，私が作成した請求書の記載にミスがあるとのクレームがありました。私は，自分の仕事には自信があるので，「そんなはずはないと思います。一応は調べてみますが，多分，そちら様のミスと思います。もう一度，確認してから再度，連絡してください」と答えました。すると，「一応とは何だ。こっちはお客なのだから，つべこべ言わずに，請求書を書き変えてすぐに送れ。ごちゃごちゃ言うなら契約を打ち切るぞ」と散々に怒鳴られて，一方的に電話を切られてしまいました。最初はあまりのことに呆然としていたのですが，落ち着いてから，再度，注文書や納品書の控えと照合して請求書の内容を確認してみましたが，やはり請求書の記載は正しく，Ｎのほうが間違っていることが分かりました。

　私としては，どうにも納得がいかなくなり，以前，私が営業で外回

りをしていたときにお世話になったG社本社の営業部長Hに直接電話をして，Nから高圧的に怒鳴りつけられたことを伝えしました。Hは，Nのほうに何か誤解があったのであろう，Nもそこまで怒ることはないのにというものでした。Hへの電話で，私の気持ちは治まり，その件はそれで終わったと思っていたのですが，後日，私の上司である経理課長から会議室に呼び出され，いきなり「何てことしてくれたんだ！」と怒鳴られました。

　以下は，私のそのときの会話メモです。

課長：もう少しで，G社との取引を打ち切られるところだったんだぞ。

相談者A：請求書の件ですか？

課長：そうだ。君はNに口答えしたそうだな。

相談者A：口答えなんかしていません。請求書について理由のないクレームをつけてきたので，もう一度，そちらで調べ直してほしいとお願いしただけです。

課長：G社は大口の取引先なんだから，はいはいと言って，向こうの言うとおりにしてりゃいいんだよ。

相談者A：そんな。取引先から言われるとおりに請求書を書き直していたら，会社に大損害が生じます。G社本社の営業部長Hも，あの件はNの勘違いだろうと言っていました。

課長：そこが一番問題なんだよ。いきなり，本社の営業部長に電話なんかするなよ。G社横浜支店の支店長が，Hに呼ばれて，どういう事か説明しろって言われたそうで，支店長もNもかんかんに怒っていたんだぞ。

相談者A：そんなこと言われても……。

課長：とにかく，どうして一言，私に相談しなかったんだ。横浜支店の関係者は，皆さんたいへんなご立腹で，支店からは，お宅とは取引はお断りしたいと言われた。私と社長が急遽G社の本社に出向いて謝罪し，何とか今回は丸く収めてもらうことができたんだよ。

相談者A：お手数をおかけして申し訳ありませんでした。

> **課長**：謝って済む問題じゃないんだよ。とにかく，明日，君の処分を決
> めるための会議を開くから出席するように。

　翌日，会社で私の処分を決めるための会議が開かれ，経理課長，経理
部長，総務部長，人事部長の4人から，今回の件のことについてあれこ
れ聞かれました。私は，自分は処分されるような間違ったことはしてい
ないと何度も説明しましたが，まったく相手にしてもらえず，結局，停
職7日という処分が下されました。これがその処分の通知書です。

　A　殿

通知書

20○○年○月○日

　　S企画（株）人事部長　　乙山　春男　　　　　　　㊞

　貴殿は，自らの軽率な言動により，会社に莫大な損害を与えかねない
事態を招きました。よって，当社就業規則第36条（3）に基づいて，貴
殿を7日間の停職処分とすることを決定いたしました。
【参考】
（懲戒の事由）
就業規則第36条
　従業員が次のいずれかに該当するときは，情状に応じ，けん責，減給
又は出勤停止とする。
（1）略
（2）略
（3）会社の信用を棄損したとき。

　処分の通知を受けたとき，私は怒りを通り越して茫然自失の状態でし
たが，その後は，会社のやり方にものすごい憤りを感じ，人事部長あて

に処分の撤回を求めて何度も電話をしましたが，会社はまったく取り合ってくれませんでした。停職処分が明けて私が会社に出勤すると，早速，人事部長から呼び出され，「君については，商品管理部倉庫係への異動を予定している」と言われました。私はあまりのことに，「そもそも処分自体受け入れていない。職場の異動も受け入れられない」と言うと，人事部長が「処分を受け入れて，会社の指示にしたがって倉庫係で働くようにしなさい。処分を受け入れないということであれば，君の働くところはないから，明日から会社に来なくていい」と言われました。「明日から会社に来なくていい」と言われたので，私は，その翌日から会社に出勤しなくなりました。それ以降も，経理課長から「処分を受け入れて出勤しろ」という電話が私の携帯に2度ほどかかってきましたが，私は「処分は受け入れらない」と突っぱねました。そうすると，昨日，会社からこんな解雇通知書が私の自宅に送られてきました。私はこんな横暴なことをする会社が許せません。何とかならないものでしょうか。

A　殿

解雇通知書

20○○年○月○日

S企画（株）代表取締役　甲野　太郎　　　㊞

当社就業規則第37条第（1）に該当するため，貴殿を懲戒解雇します。なお，解雇予告手当と本日までの未払いの給料は，本日貴殿の口座に振り込みました。
【参考】
（懲戒解雇）
就業規則第37条
従業員が次のいずれかに該当するときは，懲戒解雇とする。

> （1）正当な理由なく欠勤が 14 日以上に及んだとき。
> （2）略
> （3）略

弁護士 Q：大体の経緯は分かりました。あなたは，S 企画に入るまで，2 度ほど会社を辞めているようですが，顧客や上司・同僚とぶつかることが多かったのですか。

相談者 A：自分ではそうは思っていませんが，私は曲がったことが嫌いで，自分が正しいと思ったことはとことん貫かないと納得できない性分ではあります。

弁護士 Q：S 企画からは，過去に処分や注意を受けたことがありましたか。

相談者 A：取引先と話をするときに，もう少し言葉遣いに気をつけるようにとか，取引先を怒らせるような発言を慎むようにとの注意を受けたことが，営業部に所属していたときを含めて過去に 4，5 回ありました。処分を受けたのは今回が初めてです。

弁護士 Q：今回の N との電話のトラブルが原因で，G 社との取引が打ち切られる危険が本当にあったのでしょうか。

相談者 A：そんな重大なことになるはずがありません。N が興奮してかなり怒っていたことは分かりましたが，N は以前から高飛車な物の言い方をする人でした。それに，その後，G 社本社の営業部長 H と直接話す機会があって，私が「N との電話のことが原因で，G 社が S 企画との取引を切るかもしれないという噂があるのですが，本当ですか」と聞くと，H は「そんなことは心配しなくていい。S 企画はうちの大事な取引先だから。N があまりに息巻いていたから，しょうがなく，横浜支店の支店長が，それらしいことを S 企画の営業部長に匂わせ

たんじゃないですか」と言っていました。Hは，私が営業で外回りを
していたときのG社横浜支店の支店長で，私のことを大変気に入っ
てくれて，個人的なことで相談に乗ってもらったこともあります。

弁護士Q：停職処分が明けてS企画に出勤したときに，人事部長は，
処分を受け入れないのならば，会社では働かせないと言ったのですか。
あるいは，停職処分は解けたのだから，出勤して働くようにという指
示だったのですか。

相談者A：私はとにかく停職処分を撤回してほしかったので，その点を
強く言うと，人事部長が，「処分を受け入れないのであれば，会社で
働かせるわけにはいかない」と言うので，「それは処分を受け入れる
までは会社に来るなということですね」と念押しして，そのまま帰っ
てきました。

弁護士Q：それで，あなたは会社に対してどうしてほしいのですか？

相談者A：まずは，不当な処分をしたことについて会社に謝罪を求めま
す。また，元の職場（経理課）に戻してほしいです。あとは，この件
で大きな精神的ショックを受け，心療内科を受診しました。診断書に
は「適応障害，抑鬱障害で2週間の休養・加療を要する」と書かれて
います。会社には慰謝料の支払いも要求します。

弁護士Q：それでは，法律的なところを私から少し説明しましょう。まず，
停職処分や解雇については，労働契約法という法律に次の規定があり
ます。

労働契約法

（懲戒）

第15条　使用者が労働者を懲戒することができる場合において，当該
懲戒が，当該懲戒に係る労働者の行為の性質及び態様その他の事情に
照らして，客観的に合理的な理由を欠き，社会通念上相当であると認

められない場合は，その権利を濫用したものとして，当該懲戒は，無
効とする。
（解雇）
第 16 条　解雇は，客観的に合理的な理由を欠き，社会通念上相当であ
ると認められない場合は，その権利を濫用したものとして，無効とす
る。

　　出勤停止 7 日の懲戒処分については，会社が処分の理由としている
「会社の信用を棄損したとき」（就業規則 36 条（3））に該当するかど
うか疑問があります。さらに，停職にするほど重大な行為とも思えな
いので，「（懲戒処分が）客観的に合理的な理由を欠き，社会通念上相
当であると認められない場合」（労働契約法 15 条）に該当し，無効に
なる可能性があります。次に，懲戒解雇についても，会社のほうが「処
分を受け入れないなら来るな」と言ったとすると，従業員の労務の提
供を会社が拒んだとして，就業規則の解雇事由である「正当な理由の
ない欠勤」（第 37 条（1））に該当しない可能性があります。さらに，
形式的には解雇事由にあたるとしても，「解雇は，客観的に合理的な
理由を欠き，社会通念上相当であると認められない場合」（労働契約
法 16 条）に該当し，解雇権の濫用として懲戒解雇の無効を主張でき
る可能性があります。

相談者 A：Q 先生の言われるとおりです。不当処分，不当解雇なので，
会社には職場への復帰と慰謝料の支払いを求めます。

弁護士 Q：もう少し説明を聞いてください。この件の解決方法としては，
概ね次の三つの方法が考えられます。

①私が代理人になって S 企画と交渉する。

②裁判所に労働審判の申し立てをする。

③裁判所に訴えを提起する。

相談者Ａ：三つの方法にどのような違いがあるのか，私のケースでは，どの方法がよいのか詳しく教えてもらえますか。

弁護士Ｑ：①については，Ｓ企画はいきなり解雇通知を送ってくるような会社なので，私が代理人となって会社と交渉しても，時間がかかるだけで解決までたどりつくのは難しいと思います。③の訴えの提起は，裁判所の通常の民事訴訟手続で判決を求めるものですが，時間と費用がかかります。今からですと判決が出るまでに，少なくとも１年程度はかかると思います。②の労働審判は，2006年４月にスタートした新しい制度で，会社と従業員個人との間で生じた紛争を，原則として３回以内の期日で，迅速かつ適正に解決することを目的としています。労働審判手続では，裁判官である労働審判官１名と，雇用問題に精通した労働審判員２名とで組織する労働審判委員会が審理します。申し立てをしてから，だいたい２か月から３か月程度で解決する例が多いようです。

相談者Ａ：労働審判という制度があることは初めて知りました。１年も延々と続くような裁判などやりたくありません。労働審判をするとして，何か私に不利なところがありますか。

弁護士Ｑ：そうですね。先ほど，あなたは「曲がったことが嫌いで，自分が正しいと思ったことはとことん貫かないと気が済まない」と言われましたが，この件で，あなたの言い分が正しいか，会社の言い分が正しいか，裁判所で白黒の決着をはっきりつけたいというのであれば，時間はかかるかもしれませんが，裁判所に訴えを提起するのがよいと思います。労働審判は，どちらの言い分が正しいか白黒の決着をつけるという制度ではなく，雇用に関する紛争を迅速に解決することに主眼がありますので，この手続であなたの要求を全部通そうというのは困難で，こちらも何らかの譲歩を求められることになるはずです。

相談者 A：先ほどは，会社には職場復帰を求めたいと言いましたが，会社にはほとほと愛想が尽きた，という気持ちもあります。先生にご相談して私に一方的に不利な解決ということでなければ，ある程度の譲歩をすることも検討します。

弁護士 Q：そうですか。そのような気持ちであれば，今回のケースについては，労働審判を申し立てることにしましょう。労働審判では，こちらと会社との間で妥協点が見つかれば，調停という方法で解決が図られますし，妥協ができなければ，裁判所が労働審判という形式で結論を出します。審判の内容に不服があれば，不服の申し立てをすることができ，その場合には，先ほど説明した③の通常の民事訴訟手続に移行することになります。

依頼者 A：分かりました。労働審判の申し立てをすることでお願いします。

2.　会社側からの相談

【場所は変わって，S 企画の顧問弁護士である弁護士 R の法律事務所】

弁護士 R：今日はどのようなご相談ですか？

相談者 B：以前，うちの社員を一人辞めさせたのですが，昨日，裁判所から労働審判の申立書というのが会社に届きました。

労働審判手続申立書

20 ○○年○○月○○日

　横浜地方裁判所　御中

　　　　　　　　申立人代理人弁護士　Q　　印

　〒○○○ － ○○○○　横浜市△△区□□○丁目○○番○号

申立人　　　　　　　　A
〒○○○-○○○○　横浜市○○区○丁目○番○号
　　　　　　　　□□ビル○階（送達場所）
　　　　　乙野法律事務所
　　　　申立人代理人弁護士　　　　Q
　　　　　電　話　045-○○○-○○○○
　　　　　FAX　045-○○○-○○○○
〒○○○-○○○○　横浜市△△区□□○丁目○番○-○号
　　　　相手方　　S企画株式会社
　　　　　　代表者代表取締役　　甲野　太郎

地位確認等請求労働審判事件

労働審判を求める事項の価額　　○○万○○○○円
ちょう用印紙額　　　　　　　　○○○○円

第1　申立ての趣旨
　1　申立人が，相手方に対し，雇用契約上の権利を有する地位にある
　　ことを確認する。
　2　相手方の申立人に対する20○○年○○月○○日付け停職処分が無
　　効であることを確認する。
　3　相手方は，申立人に対し，金50万円及び20○○年○○月から本
　　労働審判確定の日まで，毎月25日限り，月額金20万円の割合によ
　　る金員を支払え。
第2　申立ての理由
　1　雇用契約の成立等
　①相手方は，文具販売等を目的とする株式会社である。
　②申立人は，20○○年○○月○○日，相手方との間で，下記の条件
　で期限の定めのない雇用契約を締結し，相手方において，経理部の事
　務員として勤務していた。

> 　ア　基本給 20 万円
> 　イ　（省略）
> 2　申立人に対する懲戒処分
> 　相手方は，20 ○○年○○月○○日，申立人を出勤停止 7 日の懲戒
> 処分にした後，20 ○○年○○月○○日，無断欠勤を理由として申立
> 人を懲戒解雇した。しかしながら，以下の理由により，出勤停止処分
> 及び懲戒解雇処分はいずれも無効である。
>
> 　　　　　― 以下略 ―

弁護士 R：どれどれ。労働審判の申立件数が最近増えているようですね[1]。
　この制度ができたころ，当事務所でも労働審判事件を担当したこと
がありましたが，そのときは，短期間で膨大な準備作業をしなければ
ならず大忙しでした。この申立書によると，今回は，A に会社の信用
を棄損するような行為があったので停職処分をし，A がそれを不服
として出社しなくなったので，懲戒解雇にしたということのようです
ね。細かなことは別として，A と N の電話での口論，停職処分，欠勤，
懲戒解雇という事実関係の流れについては，申立書に書かれていると
おりとお聞きしてよろしいですか。

相談者 B：はい間違いありません。あのときは，本当に大変でした。も
う少しで，大口の取引先を失うところでした。A 本人にその重大性
の自覚がないのが一番の問題だと思います。

弁護士 R：そこのところをもう少し具体的に説明してもらえますか。

相談者 B：きっかけは申立書にあるとおり，請求書の問題だったのです。
A と N との電話のやりとりを隣の机で直接聞いていた A の同僚の話
では，A は N と話をしているうちに，だんだん興奮して体を震わせ
て大きな声を上げるようになり，取引先にあんな口の利き方をして，

大丈夫だろうかと心配になったそうです。Ｇ社は当社の大口取引先ですので，その場ではＮの言うことをそのまま聞いておいて，後で上司の経理課長に相談して処理をすればよいのに，Ａは興奮してＮとかなりやりあったようです。申立書にはＡがＮに怒鳴られたように書いてありますが，私がＮに会って直接確かめたところ，Ｎが請求書に誤りがあることを指摘すると，Ａが興奮して一方的に怒鳴り出したと言っています。Ｎも，これではどうしようもないと考えて電話を切ったそうです。ところが，その後，本社で行われたＧ社の支店長会議の後，Ｎの上司にあたるＧ社横浜支店の支店長が本社営業部長Ｈに呼び止められて，「Ｓ企画とトラブルになっているようだが大丈夫か。つまらないことで，あまり騒ぎを起こすな」と言われたそうです。

弁護士Ｒ：それで，Ｇ社との取引はどうなったのですか。

相談者Ｂ：担当者のＮやその上司である横浜支店の支店長にしてみれば，本社の営業部長にまで告げ口をされて，ずいぶんと不愉快な思いをしたようです。Ｇ社では支店長が相当の権限を持っているので，場合によっては，当社との取引を打ち切られても文句が言えなかったと思います。私がＮとＧ社横浜支店の支店長に会って直接お詫びをした上で，当社の社長，経理部長と私がＧ社本社を訪問し，営業部長Ｈに謝罪をしました。Ｈから「当社のＮの応対にも問題があったかもしれないが，御社のＡは怖いもの知らずというか，すこぶる元気ですね。横浜支店の支店長やＮは，いろいろと文句を言っているが，今回の件は，御社の社長自らが謝罪に来られたので，何もなかったことにしましょう」との発言があり，取引を継続してもらえることになりました。

弁護士Ｒ：今回のトラブルの原因となった請求書には，記載ミスがあったのですか。

相談者 B：そこは，経理課長に調べさせましたが，注文があった前後の時期に，当社が商品の単価を変更しています。単価変更の通知がG社に届いていれば，請求書の記載ミスはないことになりますが，通知が実際にG社に届いていたかどうかを確認することができず，何とも言えません。単価が違っていたとしても，その違いは総額で数千円程度のわずかな金額でした。G社からは先月末日に，こちらの請求書どおりの入金がありました。

弁護士 R：A に対する停職処分については，社内でどのような検討をしたのですか。

相談者 B：取引先の本社まで巻き込んでこんな騒ぎを起こしてしまうこと自体が問題ですし，そのことを一切上司に報告していないことも問題です。社内では，懲戒解雇にすべきだという意見も強かったのですが，いきなり解雇というのは厳しすぎるとの意見もあって，停職7日の処分で収めたという経緯があります。

弁護士 R：A が懲戒処分を受けたのは今回が初めてですか。

相談者 B：はい。営業を担当していたときに顧客とトラブルを起こしたことや，経理課に異動した後も，取引先との電話で乱暴な言い方をするので，何回か口頭で注意をしたことはありましたが，懲戒処分をしたことはありませんでした。

弁護士 R：会社が停職処分をする前に，A には弁解の機会は与えましたか。

相談者 B：はい。停職処分を決める会議には，A にも出席を求め，自由に発言をさせました。こんな騒ぎを起こしておきながら，A には会社に迷惑をかけたという自覚がまったくなく，「自分は正しいことをしているので,NやG社に謝る必要はない。悪いのはNのほうである。私が正しいことは，G社の営業部長 H も認めている」と言い張って，

Aからは反省の言葉がまったく聞かれませんでした。そもそもAは，営業部門にいたときにも取引先と度々トラブルを起こし，こんな人材は営業には置いておけないと言われて，経理課で引き取ったのです。経理部門であれば，取引先と直接コンタクトする機会も少なく，トラブルを起こすこともないだろうと考え，私が経理部長に頼んで暫くAの面倒を見てもらうことにしたのです。それにもかかわらず，Aは…。

弁護士R：まあまあ。Aに対していろいろな感情があるかと思いますが，少し落ち着いてください。それで，Aは，どうして会社に来なくなったのですか。

相談者B：7日の停職処分が明けた日，Aが何事もなかったような顔をして経理課に出勤してきたそうです。Aの職場については，経理部長，人事部長と私が事前に相談し，二度と取引先とトラブルを起こさないように，Aを管理部倉庫係に異動させることにしました。当社の在庫商品はすべてコンピュータで管理され，在庫商品の倉庫への搬入と搬出についても，すべてパソコンを操作して行っています。ちょうど，この仕事をしていた従業員が退職したので，Aには，倉庫係として在庫商品の管理をさせることにしました。そこで，停職処分が明けた日の朝，人事部長からAに対し，経理課から管理部倉庫係に異動になることを伝え，そこで仕事をするよう指示しました。

弁護士R：Aは停職処分と倉庫係への異動の，どちらに不満があったのでしょうか。

相談者B：両方とも不満だったようです。人事部長からAに対し，「処分を受け入れて，倉庫係として働きなさい」と伝えると，Aは「処分も倉庫係への異動も受け入れない。会社が処分を撤回しない限り，出社はしない」との一点張りで，人事部長の話をまったく聞こうとしませんでした。

弁護士 R：会社から A に対し，「会社には来なくてもいい」という趣旨のことは言っているのですか？

相談者 B：そのようなことは言っていません。「処分を受け入れて出社をするように」と言っただけです。

弁護士 R：その翌日から，A が出社をしなくなったということですね。

相談者 B：はい。その後，経理課長から A に対して 2 回，「処分を受け入れて出社をするように」という電話をしましたが，A は「処分の撤回が先だ」と言い張って出社をしませんでした。その後，A の欠勤期間が 2 週間に及んだので，就業規則に照らして A を懲戒解雇しました。その際，A には解雇予告手当として 30 日分の給料を支払いました。

弁護士 R：会社の事情はよく分かりました。会社としては，今回の A に対する停職処分及び懲戒解雇は，法律的に何の問題もないという認識なのですね。

相談者 B：そのとおりです。

弁護士 R：それでは，①会社と A との雇用契約は懲戒解雇によって終了していること，②停職処分も有効であること，③慰謝料 50 万円の請求や給与の支払も認められないという趣旨の答弁書を提出しましょう。答弁書の原稿ができたら，一度会社に送りますので，内容についてご確認をお願いします。

相談者 B：分かりました。

弁護士 R：ところで，労働審判の場合，A の解雇が認められたとしても，会社が A に対して解決金を支払うケースが多いのですが，会社は，この点について，どのようにお考えですか。

相談者 B：A にお金を払うのですか。こちらがもらいたいくらいです。

弁護士 R：会社がそのような気持ちであることは話しを聞いて分かりま

すが，多少のお金を払ってでも，Ａさんに辞めてもらうことができれば，会社にとってメリットがあると思います。

相談者Ｂ：そうですか。私の一存では決められませんので，社内で検討してご連絡いたします。

弁護士Ｒ：私も急いで答弁書の原案を作成しますが，会社のほうでも，Ａが以前から問題を起こしていたことが分かる証拠や，会社でＡとＮの電話でのトラブルを直接に聞いた人の陳述書，そして，あなたがＮやＧ社営業部長Ｈと面談したときの内容を具体的に記載した陳述書を急いで作成してください。

相談者Ｂ：分かりました。よろしくお願いします。

3. 労働審判

　20○○年○月○日，横浜地方裁判所で第１回の労働審判期日が開かれ，申立人側からは相談者Ａと弁護士Ｑの２名が，相手方からは相談者Ｂ，Ｓ企画人事部長，Ｓ企画経理課長と弁護士Ｒの４名が出席した。弁護士Ｒは，この期日の１週間前に，答弁書と証拠を裁判所に提出していた。

　以下は，第１回の労働審判期日で，裁判所が，申立人側，相手方側の双方から事情を聴いた後に行われた労働審判官と労働審判員Ａ，Ｂの３名の合議の様子を本章の筆者が想像し，再現を試みたものである。この合議は，今回の紛争をどのように解決するのが適正であるかを裁判官である労働審判官と労働審判員とが協議する手続であって，申立人側，相手方側の双方とも，この合議の場に出席したり，合議の具体的内容を知ったりすることはできない。また，労働審判員は雇用問題についての知識と経験が豊富な人の中から裁判所が指定するものとされていて，構成が適正になされるよう，労働者側の審判員は労働組合の役員，使用者側の審判員は会社の人事労務担当者等が選任されることが多い。

労働審判官（職業裁判官）：申立書と答弁書を事前に検討していただき，また，今日は，双方から事情をお聞きになって，どう思われますか？

労働審判員Ａ（使用者側）：Ｓ企画とＡの言い分のどちらが正しいかは別として，Ａは過去にも会社でいろいろなトラブルを起こしているようなので，解雇を無効としてＡをＳ企画に復職させるというのは難しいのではないでしょうか。

労働審判員Ｂ（労働者側）：私の印象としては，Ｓ企画がＡを解雇するまでの手続が少々拙速に過ぎるような感じがします。また，Ａからの事情聴取の際の「取引先の言うとおりにすればよい」というＡの上司である経理課長の対応は，ハラスメントに係わるＳ企画のコンプライアンス上も問題があると思います。Ａにも停職処分の撤回にこだわって出勤しなかった点で問題がありますが，もし，Ａが出勤さえしていれば，Ｓ企画はＡを解雇できなかったはずです。また，停職処分の理由についても，ことの発端はＡとＮとの電話での口論のようなものですので，Ａの言動によって，Ｓ企画がＧ社との取引を打ち切られる危険が実際にあったのかどうか，双方から出された証拠を見ても，明確になっていないように思います。

労働審判官：確かにそのとおりですね。私も，Ａが出勤しなかったことから，Ｓ企画は，就業規則を盾に，Ａを懲戒解雇にしたという印象を受けました。

労働審判員Ａ：しかし，ここまでＡとＳ企画との溝が深くなってしまうと，Ａとしても，今後，Ｓ企画で働き続けるというのは難しいのではないでしょうか。

労働審判員Ｂ：懲戒解雇をする前の時点では，Ｓ企画はＡを倉庫の管理係に異動させると言っていましたね。

労働審判員Ａ：でも，今日のＡの発言からみて，Ａは倉庫係の勤務を

受け入れないでしょう。

労働審判官：それでは，やはり，AにはS企画を退職してもらうことにして，S企画にはそれなりの解決金を支払ってもらうということになりますかね。

労働審判員B：Aは，先ほど，もし会社を辞めるとすれば，給料の1年分として，ボーナスを含めて300万円はほしいと言っていました。私の感覚からすると，Aの勤続年数等からみて，それは少し高すぎるように思いますが，どうですか。

労働審判員A：だいたい，給料の6か月分くらいが普通かなあ。

労働審判官：それでは，裁判所の調停案として，解雇を認める代わりに，S企画にはAに対して150万円の解決金を支払ってもらうということを提案し，双方に提示してみましょう。いかがですか。

労働審判員A，B：はい。異存はありません。

4. 調停案への回答

　裁判所の調停案の提示を受けて，申立人側，相手方側双方とも，この案を持ち帰って，次回の労働審判期日までに，調停案を受け入れるかどうかを裁判所に回答することになった。2週間後に開かれた第2回目の労働審判期日で，双方とも，裁判所の調停案を受け入れるとの回答をし，今回の紛争は，AはS企画を会社都合で退職し，S企画はAに対し，解決金として150万円を支払うことで解決した。

以上

》注

（1）2006年の申し立て件数は877件で，2009年から2019年まで，年間約3,300件〜3,700件の申し立てがされている（最高裁判所「裁判所データブック2020法曹会54頁）。

13 | 雇用をめぐる紛争とその解決(2) — ハラスメントについて

川島　志保

《**目標＆ポイント**》　ハラスメントとは，相手に不快感や不利益を与え，相手を脅し，相手の尊厳を傷つけるいじめ・嫌がらせであり，重大な人権侵害となる場合もある。最初にハラスメントという言葉が使われたのは，「セクシュアルハラスメント」であり，その後，パワーハラスメント，マタニティハラスメント，アカデミックハラスメント等々，多くのハラスメントの存在が明らかになってきた。

　職場でのハラスメントは，職場の環境を悪化させ，働く人の労働意欲を奪い，ときには重大な結果をもたらす。誰でも被害者になり得るばかりでなく，自覚しないまま加害者となっていることもある。

　ここでは，主にセクシュアルハラスメントとパワーハラスメントを取り上げ，どういう言動がそれにあたるのか，ハラスメントに関する法律がどのような法律構成によって何を規制しているのか概観し，さらには被害に遭った場合にはどうしたらよいのか，裁判所はどのような判断をしているのかを検討することにしたい。

《**キーワード**》　セクシュアルハラスメント，就業規則，男女雇用機会均等法，対価型セクシュアルハラスメント，環境型セクシュアルハラスメント，職場環境，パワーハラスメント，労働施策総合推進法，優位性，業務の適正な範囲

1.　セクシュアルハラスメントとは

（1）セクシュアルハラスメントが「発見された」

　長い間，女性が卑猥な言葉をなげかけられたり，体に触られたり，上

司から性的関係を求められる等々の不快な性的言動を受けてもそれを的確に言い表す言葉はなかった。それを「セクシュアルハラスメント」（略して以下「セクハラ」という）と言い表すことによって，これまでの不当な扱いが我慢しなくてもよいいじめ・嫌がらせであることが明らかになった。

    ＊　福岡地裁判決平成 4 年 4 月 16 日

小さな出版社に勤務する女性従業員が，男性上司から異性関係が派手である，担当のデザイナーと怪しい仲にある等という噂を社内や社外に流され退職を余儀なくされたことを理由に，出版社と男性上司に損害賠償を求めた事件で，裁判所は，男性上司と出版社に不法行為責任を認め慰藉料を支払うよう命じた。

この判決は，はじめて性的な嫌がらせに不法行為責任を認め，加害者のみならず，職場環境を調整するよう配慮する義務を怠り，女性従業員の譲歩，犠牲において職場環境を調整しようとしたとして，会社にも不法行為責任を認めたものとして注目された。

この裁判が提起された平成元年の流行語大賞は「セクシュアルハラスメント」だった。

（2）セクハラとは

セクハラとは，「相手の意に反する不快な性的言動」のことである。それを受ける側にとって「不快な」（望まない，嫌がられる）性的言動であり，その判断基準は受ける側にあるとされているが，実際の判断は難しいことがある。

2.　セクハラに対する法的責任

（1）セクハラに関する法律

　平成9年，男女雇用機会均等法の改正により，はじめて女性労働者に対するセクハラの防止について，事業主に雇用管理上の配慮義務が定められた。事業主の配慮義務の内容は，「事業主が職場における性的な言動に起因する問題に関して雇用管理上講ずべき措置等についての指針」に示された。

　平成10年には，国家公務員に関して「人事院規則10－10（セクハラの防止等）の運用について」が制定された。

　さらに，平成18年には男女雇用機会均等法の改正により，男性労働者に対するセクハラも含め，事業主に雇用管理上必要な措置を講ずることが義務づけられた。

　＊　**男女雇用機会均等法**
　　第11条
　　　事業主は，職場において行われる性的な言動に対するその雇用する労働者の対応により当該労働者がその労働条件につき不利益を受け，又は当該性的な言動により当該労働者の就業環境が害されることのないよう，当該労働者からの相談に応じ，適切に対応するために必要な体制の整備その他の雇用管理上必要な措置を講じなければならない。
　　　2　事業主は，労働者が前項の相談を行ったこと又は事業主による当該相談への対応に協力した際に事実を述べたことを理由として，当該労働者に対して解雇その他不利益な取扱いをしてはならない。

* 「事業主が職場における性的な言動に起因する問題に関して雇用管理上講ずべき措置等についての指針」

①職場におけるセクシュアルハラスメント

職場におけるセクシュアルハラスメントには，対価型セクシュアルハラスメントと環境型セクシュアルハラスメントがあり，同性に対するものも含まれる。被害を受けた者の性的指向，又は性自認に関わらず対象となる。

②性的な言動

性的な言動とは，性的な内容の発言及び性的な行動を指し，性的な内容の発言とは，性的な事実関係を尋ねること，性的な内容の情報を意図的に流布すること等であり，性的な行動とは，性的な関係を強要すること，必要なく身体に触ること，わいせつな図画を配布することが含まれる。

③対価型セクシュアルハラスメント

労働者の意に反する性的な言動に対する労働者の対応（拒否や抵抗）によりその労働者が解雇，降格，減給，労働契約の更新拒否，昇進，昇格の対象からの除外，客観的にみて不利益な配置転換などの不利益を受けること。

例としては，性的関係を拒絶したことによる解雇，労働者の胸や腰等に触り抵抗されたためその労働者に不利益な配置転換を行う，日頃から性的な発言をしていたが抗議されたためその労働者を降格する等が挙げられている。

④環境型セクシュアルハラスメント

労働者の意に反する性的な言動により労働者の就業環境が不快なものとなったため，能力の発揮に重大な悪影響が生じる等労働者が就業する上で看過できない程度の支障が生じること。

　例としては，事務所内で上司が労働者の腰，胸等に度々触ったため労働者が苦痛に感じて就業意欲が低下する，同僚が取引先に労働者の性的な内容の情報を意図的かつ継続的に流布したためその労働者が苦痛に感じて仕事が手につかない，労働者が抗議しているにもかかわらず事務所内にヌードポスターを掲示しているため労働者が苦痛に感じて業務に専念できない等。

⑤事業主が雇用管理上講ずべき措置

　ア　職場におけるセクハラに関する方針等の明確化及びその周
　　　知・啓発

　イ　相談（苦情を含む）に応じ，適切に対応するために必要な
　　　体制の整備

　　　・相談窓口を設置し労働者に周知する

　　　・相談担当者を決め，適切に対応できるようにする

　ウ　事後の迅速かつ適切な対応

　　　・事実関係の確認

　　　・被害を受けた労働者に対する配慮のための措置

　　　・行為者に対する措置

　　　・再度の方針の周知・啓発と再発防止に向けた措置

（２）セクハラの法的責任

　ここで，弁護士になって１年目の浜野一平弁護士に登場してもらい，彼の法律相談の様子をのぞいてみることにしよう。

　ある日，浜野弁護士のところに友人の厚木和子に付き添われた藤沢令子と名乗る女性が訪ねて来た。

和子：令子は，ある中堅企業の総務課で働いています。総務課の女性は

令子一人だそうです。仕事中，社内では「令子ちゃん」と呼ばれ，風邪をひいて休むと「妊娠したんじゃない」と言われ，忘年会ではお酌をさせられ，挙げ句に上司が家まで送っていくと言って自宅についてきて上がり込もうとしたそうです。令子は上司を突き飛ばして難を逃れたのですが，以来，その上司は他の社員の前で，「女は使いものにならない」，「男勝りの力持ち」などと侮辱するので，令子は会社に行こうとすると体が震えてしまい，休みがちだそうです。

弁護士：それはたいへんでしたね。令子さん，体調はどうですか。

令子：すっかり落ち込んでしまい，心療内科で薬をもらっています。

弁護士：会社に相談窓口はないのですか。

令子：和子に会社の相談窓口で相談するよう勧められたので行ってみました。相談窓口担当者は上司に事情聴取をしたそうです。他の社員の前で言ったことやその内容は少し言い過ぎだったかもしれないと認めたそうです。しかし，「妊娠したんじゃない」と言ったことはないし，自宅に上がり込もうとしたことはないと強く否定したそうです。窓口担当者からは，「上司も反省しているようだし，悪気はなかったみたいだから，そう目くじら立てずに頑張ってね。」と言われただけでした。

弁護士：かなり時代遅れな会社ですね。

　国家公務員のセクシュアルハラスメントの防止に関しては，人事院規則 10－10 が定められており，その運用について定めた「人事院規則 10－10（セクシュアルハラスメントの防止等）の運用について」は，細かな定めを置いている。

①基本的な心構えとしては，セクシュアルハラスメントにあたるか否かについては，相手の判断が重要である。
　・親しさを表すつもりの言動であっても，本人の意図とは関係なく

相手を不愉快にさせてしまう場合がある。
・不快に感じるか否かには個人差がある。
・この程度のことは相手も許容するだろうという勝手な憶測はしない。
・相手との良好な人間関係ができていると勝手な思い込みはしない。
・相手が拒否し，または嫌がっていることが分かった場合には同じ言動を繰り返さないこと，相手からいつも意思表示があるとは限らない。

②性的な内容の発言として
・スリーサイズを聞くなど身体的特徴を話題にする。
・聞くに堪えない卑猥な冗談を交わす。
・性的な経験や性生活について質問する。
　等々が挙げられている。

③性的な行動として
・ヌードポスター等を職場に貼る。
・身体を執拗に眺め回す。
・性的な内容の電話，手紙，Ｅメールを送る。
・身体に不必要に接触する。
　等々が挙げられている。

弁護士：上司の言動はまさにセクハラに該当しますね。

和子：令子は会社を辞めるといっているのですが，私は，泣き寝入りをせずに，社員や上司の言動がセクハラであり法的な責任があることをはっきりさせるべきだといって，先生のところに相談に連れて来たのです。

弁護士：被害を受けた側が会社を辞める必要はありません。

　セクハラに対する法的責任の追求としては，加害者に対する損害賠償請求のほか，企業に対する責任の追求も考えられます。加害者については，民事の責任だけではなく脅迫罪，強姦罪，強制わいせつ罪等刑事上の責任を問われることもあります。

和子：加害者には，被害者の人格や尊厳を貶めたという理由で，不法行為に基づく慰藉料等の損害賠償を請求できると思いますが，会社に対しても責任を問うことができるのですか。

弁護士：会社の責任を追及することもできます。

＊　会社の責任

①不法行為責任

　　民法第715条　ある事業のために他人を使用する者は，被用者がその事業の執行について第三者に加えた損害を賠償する責任を負う。

　　これを「使用者責任」といい，企業は他人を使用する者として，損害賠償責任を負う。ここで言う「その事業の執行について」には，仕事中のセクハラ行為はもちろん，会社恒例の懇親会席上の行為や出張先の行為等も含まれる。

②債務不履行責任

　　労働契約法第5条　使用者は，労働契約に伴い，労働者がその生命，身体等の安全を確保しつつ労働することができるよう，必要な配慮をするものとする。

　使用者は，労働契約法第5条により労働者の安全に配慮する義務を負っており，それを怠った場合には，職場環境整備義務（トラブルを予防するための環境整備），「職場環境調整義務」（問題発生後に良好な環

境となるよう調整する）違反とされ，債務不履行責任（民法第415条）
を問われることになる。

　　民法第415条　債務者がその債務の本旨に従った履行をしないとき又
　は債務の履行が不能であるときは，債権者は，これによって生じた損害
　の賠償を請求することができる。

和子：これだけしっかり法律や指針で決められていてもセクハラはなく
　ならないのですか。
弁護士：残念ながら，なくなりません。セクハラは，働く人の尊厳を損
　なう人権侵害であり，加害者のみならず会社自体にも責任があるとさ
　れています。

実際の裁判で争われた例をいくつか紹介しましょう。

＊　被害者と加害者の言い分が大きく異なった事例
　（仙台高裁秋田支部平成10年12月10日判決）
　　出張先のホテルの部屋に上司が侵入してベッドに押し倒し胸など
　に触るなどのわいせつ行為を行ったと主張し慰藉料を請求した事
　案。上司はわいせつ行為を否認し，逆に名誉を毀損されたと主張し
　て慰藉料（500万円）を請求した。
　　一審では強制わいせつ行為を否定する上司の供述に信用性を認
　め，セクハラ行為に対する慰藉料請求を認めなかった。
　　二審の高等裁判所は，控訴人（被害者）の供述はそれなりに信用
　性を具備する特徴があり，事後において事件の実在を窺わせるよう
　な間接証拠も存在すると認められ，供述がねつ造あるいは作話であ

るとは解しがたく証拠の優勢を吟味する観点では控訴人の供述の方が信用性が高いと判断し，上司に対して 180 万円の支払いを命じた。

＊　会社の責任を認めた事例

（東京高裁平成 20 年 9 月 10 日判決）

　菓子店を経営する会社の店舗の店員が，仕事中や，仕事後の打ち上げの席等で，店長から，「エイズの検査を受けた方がいい」，「秋葉原で働いた方がいい」，「処女に見えるけど処女じゃないでしょ」，「店にいる男の人と何人やったんだ」等々の発言を繰り返され退職に追い込まれたことに対して，店舗を経営する会社に対して慰藉料を請求した。

　一審は，店長の発言は必ずしも適切ではないとしても，雑談の域を出ず，酒席での発言が違法性を帯びるとまでは言えないとして，慰藉料請求を認めなかった。

　二審は，店長の発言は全体として受忍限度を越える違法なものであり，店員に対する不法行為となる。店長の言動は，会社の経営する店舗の店長として部下の店員に対して職務の執行中ないしはその延長上における慰労会等で行ったものであり，会社の事業の執行について行われたものであるとし，会社に対し店員に慰藉料（50 万円）及び逸失利益の支払いを命じた。

＊　セクハラ行為に対する懲戒処分が相当と認められた事例

（最高裁平成 27 年 2 月 26 日第一小法廷判決）

　会社の管理職らが，女性従業員に対して自らの不貞相手に対する性的な事柄等極めて露骨で卑猥な内容の発言を繰り返したこと，女性従業員に対する言動に気をつけるように注意されながら女性従業員が未婚であることを殊更に取り上げて著しく侮蔑的ないし下品な言葉で侮辱し困惑させたことを懲戒事由として出勤停止の懲戒処分

を受け降格されたことに対し，管理職らが処分が重すぎるとして
争った。

　二審の高等裁判所は，管理職がセクハラ発言について女性従業員
から許されていると誤信したことや会社の事前指導・警告が不十分
だったとして懲戒処分を無効としたが，最高裁判所はこれを覆し，
管理職の本件各行為を懲戒事由とする懲戒処分は有効と判断した。

　最高裁判決では，1年余にわたり管理職が繰り返したセクハラ発
言は，女性従業員に対して強い不快感や嫌悪感ないし屈辱感を与え
るもので極めて不適切であり，執務環境を著しく害し従業員の就業
意欲の低下や能力発揮の阻害を招来すること，会社は，セクハラ防
止を重要課題として位置づけて従業員全員の研修や，セクハラの具
体的事例を挙げて，それらの行為が就業規則に違反し行為の具体的
態様，当事者間の関係，被害者の対応，心情等を総合的に判断して
処分を決めることが記載された禁止の文書の配布や掲示を行う等，
セクハラ防止のため種々の取り組みを行っていたこと，被害者が内
心で著しい不快感や嫌悪感を抱きながらも職場の人間関係の悪化を
懸念して加害者に対する抗議や抵抗，会社に対する被害の申告を控
え，躊躇することは少なくないこと，等を指摘し，懲戒処分の濫用
であるという管理職の主張を退けた。

和子：セクハラ行為の場所が密室だと被害者と加害者の主張が真っ向か
　ら対立するし，セクハラ発言の内容が雑談だとかたいしたことないと
　か言われたり，セクハラ行為で処分を受けた側から処分が重すぎると
　主張されたりと，裁判するのもたいへんなんですね。
令子：でも，判例の積み重ねによってセクハラが許されないことが明ら
　かになってきたし，何よりも社会全体が，セクハラに対して厳しい目

を向けるようになってきたと思うわ。

弁護士：そうです。たくさんの裁判例を通して，セクハラは許されないというメッセージが送られたと思います。

令子：セクハラを止めてもらうため，もう一度上司に申し出てみます。

弁護士：最近では，セクハラだけではなく，パワーハラスメント，妊娠や出産，育児休業等に関するハラスメント（マタニティハラスメント）についても法律に定められており，ハラスメントの防止に積極的に取り組む企業が増えています。

男女雇用機会均等法第9条3項は，妊娠，育児等を理由とする不利益取扱いの禁止を定めており，さらに，「事業主が職場における妊娠，出産等に関する言動に起因する問題に関して雇用管理上講ずべき措置についての指針」は，職場における妊娠，出産等に関するハラスメント（マタニティハラスメント）の内容や事業主が講ずべき措置の内容について定めている。

3. パワーハラスメント

（1）職場におけるいじめ・嫌がらせの現状

職場でのいじめや嫌がらせ等によって労働者が追い詰められ精神疾患を発症したり，自殺に追い込まれたりする事態は以前から問題視されてきた。都道府県労働局及び労働基準監督署に設置されている総合労働相談コーナーに寄せられた相談の件数をみると，「いじめ・嫌がらせ」に関する相談はここ10年で大きく増加しており，平成30年度の相談件数は87，570件となっている（図13－1）。

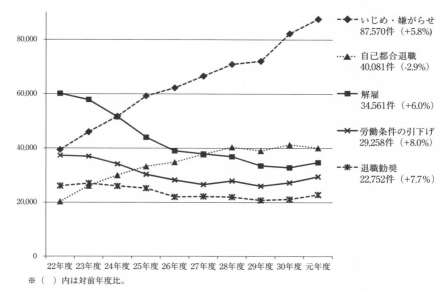

※（　）内は対前年度比。

図 13 − 1　民事上の個別労働紛争｜主な相談内容別の件数推移（10 年間）

厚生労働省：「令和元年度個別労働紛争解決制度の施行状況」より
https://www.mhlw.go.jp/content/11201250/000643973.pdf

（2）「職場のいじめ・嫌がらせに関する円卓会議」

　職場のいじめ・嫌がらせの防止・解決に向けた労使，有識者及び政府
による検討が行われ，平成 24 年 1 月 30 日，「職場のいじめ・嫌がらせ
問題に関する円卓会議ワーキング・グループ報告書」が公表されている。

　この報告書は，パワーハラスメント（以下「パワハラ」と略称する）とは，
同じ職場で働く者に対して，職務上の地位や人間関係などの職場内の優
位性を背景に，業務の適正な範囲を超えて，精神的・身体的苦痛を与え
るまたは職場環境を悪化させる行為と定義し，6 つの行為類型を挙げた。

　①身体的な攻撃　暴行・傷害

　②精神的な攻撃　脅迫・名誉毀損・侮辱・ひどい暴言

③人間関係からの切り離し　隔離・仲間外し・無視

④過大な要求　業務上明らかに不要なことや遂行不可能なことの強
　　　　　　　制，仕事の妨害

⑤過少な要求　業務上の合理性なく，能力や経験とかけ離れた程度の
　　　　　　　低い仕事を命じることや仕事を与えないこと

⑥個の侵害　私的なことに過度に立ち入ること

　パワハラはこれらの行為に限らないが，この6類型はパワハラの典型的なものを例示したものとして，個々の事案を検討する上で指標とすることができる。

（3）パワハラに関する規定を置いた改正

　新たに「労働施策の総合的な推進並びに労働者の雇用の安定及び職業生活の充実等に関する法律（略称「労働施策総合推進法」）」が令和2年6月1日に施行された。

＊　労働施策総合推進法

　　改正された労働施策総合推進法第30条の2第1項によれば，職場における「パワーハラスメント」とは，

　　①優越的な関係を背景とした言動であって

　　②業務上必要かつ相当な範囲を超えたものにより

　　③労働者の就業環境が害されるもの

　　と定義し，さらに，事業主は，職場におけるパワーハラスメント防止のため，雇用管理上必要な措置を講ずることとされている。

　　同条第2項は，労働者がパワハラに関し相談をしたことや，雇用管理上の措置に協力して事実を述べたことを理由とする不利益扱いを禁止している。

＊　**「事業主が職場における優越的な関係を背景とした言動に起因する問題に関して雇用管理上講ずべき措置等についての指針」**

　この指針によれば，職場におけるパワハラとは，上記①ないし③までの要素すべてを満たすものである。ただし，客観的にみて，業務上必要かつ相当な範囲で行われる適正な業務命令や指導は，パワハラにはあたらないとされている。

　さらに事業主の講ずべき措置として，次の４点を挙げている。

①事業主の方針等の明確化及びその周知

②相談に応じ，適切に対応するために必要な体制の整備

③職場におけるパワーハラスメントにかかる事後の迅速かつ適切な対応

④相談者・行為者のプライバシーの保護，相談したことを理由とする不利益扱いをしないことの周知・啓発

　また，職場におけるパワハラに該当すると考えられる例として，殴打や足蹴り（身体的な攻撃），人格を否定するような言動や他の労働者の面前で大声で威圧的な叱責を繰り返す（精神的な攻撃），仕事から外し，長期間にわたり，別室に隔離したり，自宅研修をさせたりすることや同僚が集団で無視して孤立させる（人間関係からの切り離し），長期間にわたる，肉体的苦痛を伴う苛酷な環境下で勤務に直接関係のない作業を命ずることや業務とは関係のない私的な雑用をさせる（過大な要求），気に入らない労働者に対して嫌がらせのため仕事を与えない（過少な要求），労働者の性的指向・性自認や病歴，不妊治療等の機微な個人情報について，了解を得ずに他の労働者に暴露する（個の侵害）を挙げている。

　さて，ここでもう一度，浜野一平弁護士の法律相談をのぞいてみよう。

ある日，憔悴しきった老夫婦が，娘がうつ病を発症したのは会社での不当な扱いのせいではないかと相談に来た。

父：私の娘は希望の会社に就職できたことをとても喜んで，一生懸命仕事をしていました。上司に仕事の能力を評価され，チームリーダーに抜擢されたのですが，そのことが他の社員のねたみをかってしまい，同僚の社員からいじめを受けるようになりました。「上司に取り入って一人だけ高い給料もらっている」，「偉そうにしている」などと言われ，給湯室に行くと同僚が無言で立ち去ったり，同僚らの Line にも入れてもらえなかったり一人ぼっちだったそうです。1 年ほど，娘も頑張ったのですが，とうとう体調を崩し，休職してしまいました。

弁護士：娘さんは，誰かに相談したのですか。

母：はい。上司 2 人に辛い状況を相談したそうですが，上司の一人は，「社内いじめか。女同士の戦いは困るね」といっただけで，もう一人も娘が配置転換して欲しいと申し出たのに，「ふんふん」と聞き流しただけだったそうです。仕事ですから，我慢しなければならないのでしょうか。

弁護士：我慢する必要はありません。その同僚の行為は集団によるパワーハラスメントです。さらに，パワハラの相談があったのに，真剣に受け止めなかった上司の対応にも問題があります。陰湿で執拗ないじめの継続を「常軌を逸した悪質な嫌がらせ」と認定した裁判例もあります。

＊　**大阪地裁平成 22 年 6 月 23 日判決**
　　職場の同僚たちから繰り返し悪口を言われ，社内の IP メッセンジャーを利用して陰口が行き交い，そのたびに同僚が目配せをして

冷笑されていた社員が精神疾患を発症した事例。

　判決は，同僚社員の集団でなされたものであって，かなりの長期間，継続してなされその態様もはなはだ陰湿だったとし，陰湿さ及び執拗さにおいて常軌を逸した悪質なひどいいじめ，いやがらせともいうべきものであって，それによって社員が受けた心理的負荷は強度であると言わざるをえない，上司らはいじめに気付くことなく，気付いた部分についても何らの対応や支援策をとらなかったため社員が失望感を深めたことが窺われる，と認定し，いじめと精神疾患発症との間に因果関係を認めた。

母：娘が悪いわけではないことが分かってほっとしました。いじめている方はそれほど重大なこととは思っていないかもしれませんが，いじめられた方の辛い気持ちを考えることが大事ですね。それに，会社の上司はきちんと対応すること，会社はパワハラを防止するための措置を取ることが求められているのですね。

弁護士：パワーハラスメントについては，たくさんの判例の積み重ねがあります。今では法律（労働施策総合推進法）で会社の取るべき措置が定められていますから，我慢しようとか，自分が悪いとか考えず，まずは会社の相談窓口に相談してみてください。

父：ところで，私も永年会社で若手の指導に当たってきました。何度もミスを繰り返し改善しない若手に対して，強い口調で注意することがありました。それはパワハラになるのですか。

弁護士：若手に対する教育や指導がすべてパワハラになるわけではありません。業務上必要かつ相当な範囲で行われる業務指示や指導はパワハラには該当しません。しかし，感情的になったり，他の社員の前で叱責したりすることなどは避けるべきだと思いますよ。

母：お父さんも指導される側の気持ちに十分配慮しなければ，パワハラになってしまいますよ。

弁護士：そのとおりです。パワハラは，人としての尊厳を傷つける重大な人権侵害です。誰もが加害者にも被害者になる可能性があることに留意し，働きやすい職場を作る努力をすることが肝腎です。

セクシュアルハラスメントやパワーハラスメントは，労働者の勤労意欲を削ぐだけではなく，会社が訴訟リスクを負う点においても，看過ごすことができない。事業主は，ハラスメントを行ってはならないという方針を掲げ，それを労働者に周知・啓発するとともに，相談窓口を設置し，労働者からの相談を丁寧に受け止めて対処することが求められる。

14 | 個人情報の保護

中村 真由美

《目標＆ポイント》 現在の高度に情報化した社会においては，誰もが情報の発信者となり得ると同時に，誰もが名誉，プライバシー，個人情報を侵害される危険にさらされている。

　そこで本章では，名誉，プライバシー，個人情報がそれぞれ法的にどのように保護されており，侵害に対してどのような法的な対応をすることが可能か，また一方で，発信者側の権利である表現の自由との調整がいかになされるべきかを学ぶ。

《キーワード》 名誉毀損，社会的名誉，名誉感情，表現の自由，名誉毀損の違法性阻却事由，プライバシー侵害，肖像権，個人情報保護法，マイナンバー制度

弁護士 A：今日の法律相談は，2 件続けて，意に反して公になってしまった自分の情報を何とかしたいということでした。それぞれについて解決方法を検討しましょう。

1. 相談 1 の紹介

> **相談 1（甲さんからの相談）**
>
> 　私は，友人と二人で近所の公園に行き，私が花壇のチューリップを 2, 3 本摘んで，リボンを掛けて花束のようにする，という約 20 秒間の様子を撮影して，その動画（「本件動画」）をインターネット上の動画サイトに投稿しました。本件動画には，私の首から下だけが映っ

ていて，顔は映っていません。ところが，本件動画がSNSで大量にコピー、投稿された上，インターネット上の電子掲示板に，「チューリップは公園の遊具に落書きをしたこともある」，「悪人」などと厳しい言葉が並び，私の氏名と自宅住所も書き込まれました。何とかできないでしょうか。

弁護士A：整理すると，電子掲示板に書き込まれたのは，①「チューリップは公園の遊具に落書きをしたこともある」，②「悪人」という書き込み，③氏名と自宅住所，の三つの事項です。

2. 名誉の意味と名誉毀損の成立要件

弁護士A：①「公園の遊具に落書きをしたこともある」，②「悪人」という書き込みについて，名誉毀損に該当するかを検討してみましょう。

名誉毀損が成立するための要件は，

（ア）不特定または多数の人に対して，

（イ）事実を摘示し，

（ウ）その人の社会的評価を下げた，

の三つです。

学生B：そもそも，名誉というのは何ですか。

弁護士A：一般的に，名誉には社会的評価（客観的名誉）と名誉感情（主観的名誉）とがあるとされますが，民法上保護されているのは社会的な評価や名声です。

学生B：名誉が「社会的な評価や名声」だとすると，名誉を毀損するということは社会的評価を下げるということですね。

弁護士A：そうです。要件（ウ）はそのことをいっています。

学生B：社会的評価が下がるかどうかは，どのような基準で判断するのでしょうか。

弁護士 A：その人（名誉を毀損されたとされる人）自身の感じ方を基準とするのではなく，一般人が，通常の受け止め方をした場合にどのように考えるか，が基準です。

学生 B：公園の遊具に落書きをするというのは，犯罪にもなり得る事実[(1)]ですから，一般人の通常の受け止め方によれば，その人の社会的評価を下げるといえそうです。

3. 事実の摘示と評価・意見の区別

弁護士 A：要件（イ）「事実を摘示し」の「事実」とは，証拠等によってあるかないかを判断することができる具体的な特定の事項[(2)]をいいます。

学生 B：①「公園の遊具に落書きをした」ということは，例えば目撃者がいれば，それが実際にあったことかどうかがわかります。ですから，事実といえます。でも，②「悪人」は，事実といえるかどうかよくわかりません。

弁護士 A：「悪人」が人の性格や人柄が悪いということだとすると，その人についていろいろ総合して判断し，評価した結果なので，悪人かどうかということ自体を証拠で決めることはできません。評価や感想，意見にとどまるのではないでしょうか。

学生 B：評価や感想，意見であれば，事実の摘示がない，つまり要件（イ）を満たさないので，名誉毀損は成立しないということですか。

弁護士 A：一般的に，評価等は名誉毀損に該当しないといわれます。それは，評価等が正しいかどうかは，ほかの人が反論したり擁護したりして，議論する中で明らかにされるものだという考え方からです（言論の自由市場）。

学生 B：では，「悪人」が評価だとすると，甲さんに対し悪い印象を与

える表現であったとしても，その指摘だけでは名誉毀損にはあたらないということですか。

弁護士A：はい。名誉毀損には該当しません。しかし，その書き込みが社会通念上許容される限度を超えて侮辱的であったり，人格的価値を傷つける内容であったりする場合には，名誉毀損にはあたらないとしても，名誉感情や人格的価値を損なうとして，民法上違法とされることがあります。

4. 「不特定または多数の人に対して」の意味

学生B：名誉毀損の成立要件（ア）「不特定または多数の人に対して」というのは，どういうことですか。

弁護士A：不特定または多数の人に対して名誉毀損の事実が認識される状態におかれて初めて，その人の社会的評価が下がると考えられます。これを「公然性」ということもあります。

学生B：たしかに，本人自身に向かって，その人の名誉毀損の事実を話した場合，本人は不愉快でしょうが，社会評価が下がることはなさそうです。例えば，誰か一人に電子メールで名誉を毀損する内容の事実を直接伝えることは，問題ないのでしょうか。

弁護士A：その事実をほかには漏らさない特殊な関係にある2，3人にだけというのであれば，特定の少数の人，といえるので，「不特定」でも「多数」でもないといえることがあるでしょう。しかし，例えば道ばたで通行人に向かって話をすれば，そのときに実際に聞いているのが数人でも，誰でもその場所を通りかかって，話を聞く可能性があるので，「不特定」といえます。また，知り合い数人に話しただけだとしても，聞いたその知り合いがほかの人に伝える可能性があれば，「不特定」の人に伝わるかもしれませんし，その結果，「多数」に伝わ

る可能性があれば公然性が認められます。

学生Ｂ：電子メール自体は特定の人に送信するものですが，受け取った
人がほかの人に簡単に転送でき，伝わる可能性があるので，場合によっ
ては公然性があるとされるかもしれません。

弁護士Ａ：そうですね。今回の甲さんの相談の場合には，インターネッ
ト上の電子掲示板は誰でも閲覧が可能ですから，公然性は認められま
す。

5.　名誉を毀損される対象者の特定性

学生Ｂ：ところで，本件では甲さんの氏名も書き込まれているので，①
と②の書き込みが甲さんについての書き込みだということが明らかで
すが，インターネット上には，氏名などは書かれていないけれど，前
後の文脈などから，特定の人を指していることが「分かる人には分か
る」という情報が多いように思います。

弁護士Ａ：甲さんについての書き込みだと分からないならば，甲さんの
名誉が毀損されることはありません。そこで，名誉毀損の対象者が特
定されているか，特定性をどのように判断するかが問題になります。

学生Ｂ：もし，甲さんの氏名そのものが書き込まれていない場合に，「公
園の遊具に落書きをしたこともある」の主語である「チューリップ」
という記載は甲さんのことではない，と反論されたら，どう考えるの
でしょうか。

弁護士Ａ：この問題は，①情報の受け手の普通の注意と受け取り方によ
り，②その人のことを知っていれば，その人を指していると自然に理
解できるかどうか，という基準で判断します。

学生Ｂ：つまり，今回は電子掲示板への書き込みなので，一般のインター
ネット上の電子掲示板の閲覧者の普通の読み方を基準にして，甲さん

のことを知っている人が，甲さんのことを指していると分かるかどう
か，ということですね。

弁護士A： 媒体が変わると，雑誌の記事であれば一般の読者の読み方，
テレビ放送であれば一般の視聴者の見方が基準になります。その上で，
本人を知っている人だったら分かるか，という基準で判断するという
ことです。

学生B： 甲さんの場合，動画とセットで「チューリップは公園の遊具に
落書きをしたこともある」と書かれているのであれば，「チューリップ」
が花の種類のことではなく，動画でチューリップを摘んでいる人を指
す言葉だとわかります。それに，動画を見れば，顔は映っていなくても，
公園の様子や体つき，服装などから，甲さんを知っている人が，甲さ
んだと気づくと考えられます。

弁護士A： そうすると，特定性はあるといえるでしょう。

6. 名誉毀損の違法性阻却事由

学生B： ところで，甲さんが「公園の遊具に落書きをしたこともある」
ということが真実である場合，真実の書き込みをした人は，自分は正
義感で本当のことを暴いたに過ぎない，本当のことを書くのがなぜ悪
いのか，と主張すると思います。

弁護士A： 確かに，誰にでも表現の自由（憲法21条）が保障されていて，
特に，民主主義の実現のためには，権力を批判し，真実を明らかにす
ることが抑制されてはならない，ということも重要な価値があるとさ
れています。そこで，名誉毀損になるとしても，次の三つがすべて認
められる場合には，違法ではないとされます。

（カ）公共性　当該事実が，公共性のある事実に関するものである
こと。

　　（キ）公益性　当該事実の指摘が，公益目的でされたこと。
　　（ク）真実性または真実相当性　当該事実が真実であるか，真実で
　　　あると信じるに相当な根拠があると認められること。

学生 B：要件（カ）「公共性」というのは，何でしょうか。

弁護士 A：公共性とは，社会の正当な関心事のことをいいます。例えば，
　政治や行政に関わる事実，個人のことであれば犯罪行為，会社や団体
　の不祥事など社会的な事実や多くの人に影響する事実をいいます。

学生 B：要件（キ）「公益性」というのは，社会の利益になることを目
　的としている，ということですね。

弁護士 A：自分の利益のため，つまり，嫌がらせや憂さ晴らし目的はも
　ちろんですが，犯罪の被害者が加害者に対して損害賠償や謝罪を求め
　るためというのも私的な目的なので，公益性が否定されます。被害者
　からの損害賠償請求は，直接，加害者に対して請求するのが通常です
　し，裁判手続などの法的手段によって実現すべきなので，被害者が加
　害者の実名を挙げて事実を公表する必要はありません。

学生 B：要件（ク）のうち，「真実性」というのは，指摘した事実が真
　実だと明らかになった，ということですが，「真実相当性」というの
　がよくわかりません。

弁護士 A：真実であるかどうかは，最終的に裁判で判断されることです。
　しかし，事実の指摘をした当時，指摘した人がその事実が真実である
　と考えても止むを得ないような根拠や裏づけとなる情報があったけれ
　ども，後から裁判で，ほかの情報も含めて総合的に検討した結果，真
　実でないことが判明する，ということがあり得ます。そのような場合
　でも名誉毀損で違法，とすると，名誉毀損になりそうな事実の指摘を
　することができなくなってしまいます。このような形で言論が萎縮し
　ないよう，真実相当性があれば，真実である場合と同じように扱うこ

ととされています。

学生B：甲さんの場合には，公共性は認められるのではないでしょうか。公園の遊具に落書きをするのは，犯罪にあたり得る行為なので，社会の正当な関心事といえそうだからです。

弁護士A：では，次に公益目的について考えてみましょう。迷惑行為を指摘することが，当然に公益目的にあたるとは言い切れません。おもしろ半分で事実を指摘しただけの場合には，公益目的であるとは認められないでしょう。

学生B：公共性，公益目的が認められたとしても，違法性がないとされるためには，書き込みをした人が，甲さんが公園の遊具に落書きをしたことが真実であると証明するか，そう信じたことについて十分な裏づけや根拠があったことを示す必要があるということですね。

弁護士A：そのとおりです。

7. プライバシーの保護とは何か

学生B：次に，③氏名と自宅住所の書き込みについてですが，氏名や住所が社会的評価を下げることはないですから，それ自体では名誉毀損にはあたりません。

弁護士A：これは，プライバシーの保護について考えることになります。プライバシーの利益というのは，19世紀にアメリカで主張されるようになった比較的新しい利益ですが，当初は，権力に介入されず放っておいてもらう権利，「私生活をみだりに公開されない利益」であると理解されていました。その後，公権力や第三者によって個人に関する情報が収集・蓄積・保管・利用されるようになると，このこと自体が個人の秘密を脅かしかねないという認識が広がりました。そこで，自分の情報をコントロールすることは重要な権利であるとして，プラ

イバシーは人格権の一つとして保護されるという考え方もされるようになりました。

学生B：でも，氏名や住所自体は，社会生活を送っていると，名刺を渡して氏名を知ってもらうのは当然ですし，ちょっとした申込書などにも住所を書きますよね。頻繁に明らかにする情報だと思うのですが，それでもプライバシーといえますか。例えば，過去の犯罪行為のような，人の社会的評価を低下させ，明らかに他人に知られたくない事実とは違います。

弁護士A：プライバシーの利益を「私生活をみだりに公開されない利益」と理解すると，一般人の感受性を基準に，その人の立場に立ったときに，当然公開されたくないと考えられ，かつ，一般に公開される事柄ではなく，公開されることによって不快感や屈辱感を覚えるのであれば，プライバシーを侵害するものと理解することができます。そして，プライバシーの侵害の程度，目的や必要性，具体的な方法などを考慮して，違法かどうかを判断することになります。

学生B：氏名や住所などは，自分から教えるならともかく，普通，インターネット上に書き込まれて世界中に公開されたくないと考える事柄ですし，一般的には公開されることはありません。

弁護士A：社会的評価を低下させることはないので名誉毀損にあたらなくても，公にされることを望まない情報を公開されることで，「私生活をみだりに公開されない利益」を侵害された，つまり，プライバシーを侵害されたといえます。

8.　過去の事実の暴露とプライバシー侵害との関係

学生B：氏名や住所を書き込まれるとともに，①「公園の遊具に落書きをした」という事実を指摘されることは，名誉毀損だけでなく，プラ

イバシーの侵害にもあたると考えられませんか。先ほど，この事実は犯罪にもなり得るという話をしましたが，そうだとすると，知られたくない情報です。

弁護士Ａ：迷惑行為をしているという事実が周りの人たちに知られておらず，公になっていないならば，その事実をあえて指摘することは，プライバシー侵害に該当します。

学生Ｂ：既に知られている事実であれば，プライバシー侵害にはあたらないということですね。しかし，仮にですが，その迷惑行為が周りの人に知られているとしても，ずっと以前のことだとすれば，今さら蒸し返されるのは嫌だと思います。蒸し返されない利益もある，という言い分は通りませんか。

弁護士Ａ：裁判所は，一般的に，逮捕歴のような間違いのない事実であっても，プライバシーに属する事実であって，みだりに公開されない利益が認められることを前提とした上で，表現の自由や，インターネット上でさまざまな情報を得ることができる利益とどのようにバランスをとるか，ということについて，次のように判断しました[3]。

当該事実の性質及び内容，当該URL等情報が提供されることによってその者のプライバシーに属する事実が伝達される範囲とその者が被る具体的被害の程度，その者の社会的地位や影響力，上記記事等の目的や意義，上記記事等が掲載された時の社会的状況とその後の変化，上記記事等において当該事実を記載する必要性など，当該事実を公表されない法的利益と当該URL等情報を検索結果として提供する理由に関する諸事情を比較衡量して判断すべきもので，その結果，当該事実を公表されない法的利益が優越することが明らかな場合には，検索事業者に対し，当該URL等情報を検索結果から削除することを求めることができるものと解するのが相当である。

弁護士 A：この裁判では，原告が，時の経過にしたがってある事実が他者の記憶から消失し，そのことによって社会生活を円滑に営むことができることを内容とする利益が「忘れられる権利」として保護される，という主張もしましたが，裁判所は，これ自体を法的利益と正面から認めることはしませんでした。あくまで，名誉やプライバシーの侵害があるかどうか，具体的な事案ごとに，総合的に判断するという考え方を示しました。

9.　名誉毀損，プライバシー侵害等からの回復手段

弁護士 A：名誉毀損やプライバシー侵害が成立する場合，まず，民法上，不法行為に基づく損害賠償（民法709条）を請求することができます。

学生 B：名誉毀損の場合に，名誉回復のために必要な措置を求めることができる（民法723条）という条文もあります。また，悪質な場合には，刑法犯（刑法230条）になる可能性もあります。

弁護士 A：名誉回復のために必要な措置として，例えば，メディアによる名誉毀損の場合など，その事実が大きく知られたときには，名誉毀損をした者に対して，名誉を毀損したことを認めて謝罪する内容の広告を新聞などに掲載することを裁判所が命じることがあります。

学生 B：ただ，今回は，甲さんについて，相談の①〜③の事項を書きこんだのが誰かが，まずわかりません。

弁護士 A：インターネットへの投稿者を特定するための発信者情報開示手続をとることが考えられます。実名を登録する WEB サイトであれば，サイト管理者が投稿者の実名を把握しているので，サイト管理者に対し，投稿者の氏名や住所を開示するよう求めます。この場合，通常は，サイト管理者に対して訴訟を起こして，裁判所の命令で開示させることになります。

学生Ｂ：匿名の電子掲示板のように，サイト管理者が投稿者の氏名等を知らない場合にはどうするのでしょうか。

弁護士Ａ：まず，サイト管理者に対し，投稿者のIPアドレスの開示請求をして，IPアドレスから投稿者が利用しているプロバイダを調査し，さらに，プロバイダに対して，投稿者の氏名や住所の開示を求める，という２段階の手法をとることになります。

学生Ｂ：それからやっと，損害賠償請求をすることができるということですか。

弁護士Ａ：並行して，名誉毀損やプライバシー侵害の投稿記事自体を削除するよう，サイト管理者に対して請求する手続をとることも可能です。こちらも，任意に応じてもらえない場合には裁判手続をする必要があり，負担は大きいです。また，プロバイダ責任制限法は，プロバイダに対する記事削除の請求をする手続等を定めていますので，この法律に基づいて，プロバイダに対して記事の削除を求めることも可能です。

10. 相談２の紹介

相談２（乙さんからの相談）

　先日，コンビニエンスストアの店内で知らない人と口論になりました。すると，そのコンビニエンスストアの外壁に，私と口論相手の顔写真が貼られました。確かに，結構長時間口論をしてしまったので，店に迷惑をかけたことは申し訳ないと思いますが，見せしめのように顔写真を貼り出される理由はありません。顔写真は，コンビニエンスストアが店の入り口付近を撮影できるように設置した防犯カメラの映像から印刷したものだと思います。コンビニエンスストアに対し，どのような請求をすることができるでしょうか。

11. 肖像権について

弁護士 A：まず，肖像権の侵害という観点から考えてみましょう。人格的利益，プライバシーの一つとして，他人から無断で容貌を撮影されたり，あるいはそれを公開・利用されたりしない利益が保護されています。これを肖像権ということがあります。

学生 B：肖像権というのは，有名人と一般人とで違いはありますか。

弁護士 A：有名人の場合は，写真や映像に顧客を引きつけるような経済的な価値が認められるので，これをパブリシティ権として特に保護しています。しかし，有名人でも，一般人でも，人格的利益やプライバシーとしての肖像権は同様に保護されています。

学生 B：防犯カメラで来店客を撮影することは，肖像権の侵害でしょうか。

弁護士 A：来店客に肖像権が認められる一方で，店には万引き等の犯罪に対処する必要と権利があります。防犯カメラによって店内を撮影・録画する場合には，目的の相当性，必要性，方法の相当性等を考慮した上で，社会生活上受忍の限度を超え，客の権利を侵害する違法なものであるかどうかを検討することになります。例えば，防犯カメラは，防犯・安全の目的で設置し，隠すことなく，むしろ万引きを心理的に抑制するよう「撮影中」などの表示をし，また，撮影範囲が防犯安全目的に必要な店内に限定したり，永続的に保存・管理することなく，一定期間で消去したりしています。このような状況であれば，来店客の撮影・録画と一定期間の保管は，違法ではないといえるでしょう。

学生 B：では，防犯カメラの映像を印刷して貼り出すことは，どうですか。

弁護士 A：乙さんの顔写真を取り出して印刷した時点で，店内を定点から撮影する防犯カメラの映像とは，画像の性質も，保管状況も異なり

ます。また，掲出は防犯・安全目的とはいえず，その必要性も認められません。そうであれば，肖像権の侵害になるといえそうです。

学生 B：肖像権侵害の場合，コンビニエンスストアに対して損害賠償請求（民法 709 条）をすることができますね。

弁護士 A：そうですね。

12. 個人情報保護法とプライバシーの関係について

弁護士 A：次に，今回は，コンビニエンスストアの経営者という民間事業者が顔写真を貼り出したということに注目して，個人情報保護法の観点から検討してみましょう。民間事業者が個人情報を扱うときのルールを定めるのが「個人情報保護法」です。

学生 B：個人情報というのは，個人情報保護法第 2 条 1 項で，「氏名，生年月日その他の記述等により特定の個人を識別することができるもの」と定義されています。

弁護士 A：個人情報は，その情報の中味とは関係なく，それを大量に集め，整理し，利用することで大きな利益を得ることが可能です。しかし，漏洩や目的外の使用など，誤った取り扱いがされると，個人に大きな被害をもたらすおそれがあります。そこで，個人を特定できるという点に着目して「個人情報」を定義し，事業者が守るべき取り扱いのルールを定めているのです。

学生 B：「その他の記述等」というのは，どういうことですか。

弁護士 A：ほかの情報と照合すると，個人を識別できる記述です。例えば，顔写真や指紋，「X 年度の Y 小学校 1 年 1 組出席番号 1 番」という記述を考えてみると，その情報自体に氏名がなくても，簡単に個人の識別ができるでしょう。

学生 B：個人情報とプライバシーの利益とは，違うのでしょうか。

弁護士 A：プライバシーの利益を「私生活を他人にみだりに公にされない利益」ととらえると，情報の中味が，人に知られたくない情報か，公になっていない情報か，ということによって，プライバシーとして保護されるかどうかが変わります。それと比較すると，個人が特定されれば，情報の中味を問わず保護の対象となる個人情報のほうが広い概念となります。

学生 B：プライバシーを自己情報コントロール権とする考えもあるということですが，このように考えるとどうなりますか。

弁護士 A：その考え方では，もっぱら，自分についての情報をコントロールする，つまり，いつ誰にどの範囲の情報を渡すかを本人が決める，間違った情報であれば訂正する，ということを重視するので，情報の中味が何であれ，プライバシーとして保護されるべきだということになりそうです。そうすると，個人情報とあまり異ならないかもしれません。

13. 個人情報保護法による個人情報保護の内容

学生 B：個人情報保護法を見ると，「個人情報」のほかに，「個人情報データベース」「個人データ」「保有個人データ」という言葉も出てきて複雑そうです。

弁護士 A：個人情報保護法は，民間事業者が従うべき個人情報の取り扱いルールを定めるものです。同時に，本人から事業者に対して，自分の個人情報のコントロールのために要求することができる内容も定めています。その取り扱い方やコントロールできる内容によって区別しているのです。

対象となる個人情報等

個人情報取扱事業者の義務

・利用目的の特定 (法15条)
・利用目的による制限 (法16条)
・適正な取得 (法17条)
・取得に際しての利用目的の通知等 (法18条)
・要配慮個人情報の取得制限 (法17条2項)

・外国にある第三者への提供制限 (法24条)
・第三者提供に係る記録作成等 (法25条)
・第三者提供を受ける際の確認等 (法26条)
・要配慮個人情報のオプトアウトによる提供 (法23条2項)

・正確性の確保 (法19条)
・安全管理措置 (法20条)
・従業者の監督 (法21条)
・委託先の監督 (法22条)
・第三者提供の制限 (法23条)

・保有個人データに関する事項の公表等 (法27条)
　開示 (法28条)
　訂正 (法29条)
　利用停止等 (法30条)

個人情報

生存する個人に関する情報であって、① 当該情報に含まれる氏名、生年月日その他の記述等により特定の個人を識別することができるもの。②個人識別符号が含まれるもの (法2条1項)

要配慮個人情報

人種、心情、社会的身分、病歴、犯罪歴、犯罪被害歴等 特に配慮を要するもの (法2条3項)

個人データ

検索できるように体系的に構成したもの (法2条6項)

保有個人データ

開示・訂正・利用停止等を行う権限を有するもの (法2条7項)

基本理念

個人情報は、個人の人格尊重の理念の下に慎重に取り扱われるべきものであることにかんがみ、その適正な取扱いが図られなければならない。(法3条)

学生 B：マイナンバー制度ができたときに，特別な個人情報として厳重に保護されると聞きましたが，この法律のことですか。

弁護士 A：マイナンバー制度では，個人情報保護法の特別法として，「行政手続における特定の個人を識別するための番号の利用等に関する法律」が制定され，同法によって，いっそう厳しい取り扱いのルールが事業者に課されています。

学生 B：マイナンバーが漏洩したときの不利益が大きいから，取り扱いをいっそう慎重にさせようとしているのですね。

弁護士 A：そのとおりです。では，個人情報保護法上，乙さんがどのようなことを求めることができるかを検討していきましょう。

学生 B：乙さんの相談では，まず，防犯カメラで撮影された映像は，個人を識別できるのであれば個人情報に該当します。

弁護士 A：個人情報保護法は，個人情報の取得の際，事前に利用目的を特定し，それを通知するように定めています。

学生 B：たしかに，最近では，会員証の申込用紙や懸賞応募用紙にも，インターネット上の会員登録のときにも，個人情報の利用目的が書いてあったり，個人情報の利用方法に同意するよう求められたりします。

弁護士 A：それは，事業者が個人情報保護法に従った対応をしているからです。

学生 B：防犯カメラの場合には，利用目的は，防犯・安全のためだと思いますが，それだけで明確だといえますか。

弁護士 A：そうですね。その利用目的の限りにおいては，書面による利用目的の通知がなくても個人情報保護法に違反しているとはいえないでしょう。

学生 B：でも，防犯カメラの映像を印刷して貼り出すことは，防犯・安全の目的とはいえないと思います。

弁護士Ａ：そうすると，目的外の利用となり，個人情報保護法に違反します。個人情報取扱事業者であるコンビニエンスストアの運営会社に苦情の申し出をすること（法31条）や，第三者的な民間機関である認定個人情報保護団体に苦情解決の申し出をすること（法42条）が考えられます。

学生Ｂ：さらに，防犯カメラの映像を削除するよう求めることもできませんか。

弁護士Ａ：個人情報保護法で個人情報の削除を求めることができるのは，「保有個人データ」とされています。保有個人データは，体系的に整理されて検索が可能な上，個人事業取扱者が開示等を行うことの権限を有する個人情報をいいます。

　防犯カメラの映像は，一般的に，時系列で撮影・録画され，そのまま整理されることなく保存されて，数か月程度で上書きされ，もとの録画は消去されていくことが多いのです。

　従前，法施行令4条で，6か月以内に消去する情報は保有個人データではないとされていましたが，2020年の個人情報保護法改正により，6か月以内に消去する短期保存データも保有個人データに含め，開示・利用停止等の対象となりました。そうすると，防犯カメラの画像等を体系的に構成している場合には保有個人データに該当し，そのような処理をしていない場合は該当しないことになるでしょう。

学生Ｂ：では，体系的に整理する処理をしている場合には，防犯カメラの映像の開示や利用停止を求めることができるということですね。

弁護士Ａ：そのようになります。個人の情報については，その情報の性質，侵害されている利益，取り扱っている者が誰か，などによって，法的な解決方法が異なります。整理をして考えられるようになるとよいですね。

》注

（1）公園の遊具に落書きをし，遊具をそのままでは利用できず，再塗装等が必要な状態にすることは，器物損壊罪（刑法 261 条）に該当する可能性がある（最高裁判所平成 18 年 1 月 17 日刑集 60 巻 1 号 29 頁は，建物損壊罪に係る事案であるが，落書きにより，「本件建物の外観ないし美観を著しく汚損し，原状回復に相当の困難を生じさせたものであって，その効用を減損させた」場合には，「損壊」にあたると判断した）。

（2）最高裁判所平成 10 年 1 月 30 日裁民 187 号 1 頁参照。

（3）最高裁判所平成 29 年 1 月 31 日決定民集 71 巻 1 号 63 頁，原審東京高等裁判所平成 28 年 7 月 12 日決定判例タイムズ 1429 号 112 頁。

15 | 市民生活と裁判のこれから

川島　清嘉

《**目標＆ポイント**》　過去 14 回のテーマを振り返り，本講義の目的について再度確認します。また，司法改革による弁護士数の急増や市民の司法への参加によって弁護士や裁判所の置かれた環境に変化が生じていることを説明した上で，弁護士の上手な利用法について解説します。

《**キーワード**》　ひまわり基金法律事務所，法テラス（日本司法支援センター），法科大学院，法律相談，守秘義務

1.　この授業のねらい

受講生：この授業では，第 1 章の「市民生活と裁判へのいざない」に続き，第 2 章と第 3 章で裁判員裁判を含む刑事事件と少年問題，第 4 章から第 7 章までを子供の問題を含む家族間の紛争，第 8 章で障害者の権利について，第 9 章で住宅問題，第 10 章と第 11 章で交通事故やスポーツに関する紛争，第 12 章と第 13 章で雇用に関する紛争，第 14 章でプライバシーの権利と個人情報の問題を扱っていますが，このようなテーマを取り上げた理由について少し説明をしてもらえますか。

教員：この授業では，市民が日常生活で遭遇する代表的な法律問題という視点からテーマを選びました。裁判員裁判については，抽選で選ばれた一般市民が刑事裁判に関与して，有罪無罪の判断や死刑を含む量刑の決定に直接関与するということで，市民の関心が非常に高くなっています。また，家族，住宅，職場の三つは，市民が日常生活をする上で最も重要な核となる部分で，ここに紛争が生じると生活に大きな

影響が生じるので，このテーマを取り上げました。また，交通事故や
プライバシーの権利・個人情報に関する紛争は，市民が最も頻繁に遭
遇する種類の法律紛争で，弁護士が数多く扱う問題です。障害者の権
利やスポーツに関する問題については，受講生の中には，このような
紛争に関心をお持ちの方も多いと考えて，テーマに選びました。この
授業で取り上げたテーマのほかにも，例えば，消費者被害や医療事故，
学校でのいじめの問題など，市民が日常生活で遭遇する重要な法律問
題がありますが，すべての問題をこの授業で解説するのは不可能です
し，また，この授業を担当する5人の弁護士が得意・不得意とする法
律分野の問題もあって，最終的に今回の授業のような構成になりまし
た。

受講生：私は，これまで，弁護士というのは，やたらに難しい言葉や理
屈を振りかざして，一般市民の目からみると，「近寄りがたい」とい
うか，できれば「近づきたくない」存在のように思っていました。今
回，この授業を受講したのは，正直に言うと「怖いもの見たさ」のよ
うなところも少しあったのですが，徳田弁護士，藤田弁護士，中村弁
護士のような若い世代の弁護士の授業を受けて，そのような見方が少
し変わったような気がします。

教員：そう言ってもらえると，この授業を企画した者の一人としてたい
へん嬉しいですね。「弁護士は悪しき隣人である」という格言があり
ます。これは，弁護士というのは，法律の知識を盾にとって，自分の
権利ばかりを主張する困った存在である，できれば，隣人として付き
合いたくない，というような意味ですが，本来，弁護士というのは，
そのような存在であってはいけないと考えます。また，法律の勉強に
ついても同じことで，「法律の知識があれば，何か得をする」という
ものでもありません。ですから，この授業についても，単位をとれば，

すぐに何か得をするということはありません。この授業では，市民が，日常生活で何か紛争に巻き込まれた場合に，①その問題を法律的に解決するためには，どのような方法があるのか，②法律的な解決を選択した場合，法律の専門家である弁護士や裁判官は，どのような見方で物事を理解し，どのような考え方で法律的な結論に達するのか，そのプロセスについて理解をしていただくというのが目的です。

2. 司法改革による弁護士業務の変化

受講生：私たちが法律的な紛争に巻き込まれた場合，弁護士のお世話になることが多いと思います。最近，電車の窓上ポスターに法律事務所の広告が出ていたり，法律事務所がラジオやテレビ番組のスポンサーになっていたりすることが時々ありますが，以前，弁護士は広告をしていなかったのですか。

教員：日本で弁護士の広告が原則自由化されたのは平成12年（2000年）ことで，まだ約20年の歴史しかありません。私が弁護士になった昭和54年（1979年）頃，日本で弁護士が広告をすることなどほとんど考えられませんでした。弁護士になって3年目にアメリカの大学に留学したときに，「簡単な離婚事件なら当事務所のスミス弁護士にお任せください。一律1,000ドルでお引き受けします」というようなテレビのコマーシャルが流れていたり，ショッピングセンターに法律事務所があったりするのを見て，びっくりしたことがあります。また，当時は，日本で最も大きな法律事務所でも弁護士の数は20人程度だったのですが，令和2年（2020年）3月31日現在，日本で最も大きな事務所には弁護士が582人いて，31人以上の弁護士がいる事務所が全国で53あります。このような大規模な事務所は，主に会社が関係する法律問題を扱っています。ただし，図15-1のように，日本では，

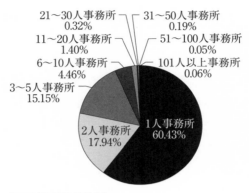

21〜30人事務所
0.32%

31〜50人事務所
0.19%

11〜20人事務所
1.40%

51〜100人事務所
0.05%

6〜10人事務所
4.46%

101人以上事務所
0.06%

3〜5人事務所
15.15%

1人事務所
60.43%

2人事務所
17.94%

（2020年3月31日現在）

（「弁護士白書2020年度版」より）

図15－1　事務所の規模別に見た弁護士事務所数の割合

まだまだ弁護士の数が一人とか二人の法律事務所が多いようです。

受講生：そんなに多くの弁護士がいる法律事務所があるなんて驚きました。ところで，日本では，なぜ弁護士の広告が禁止されていたのですか。先ほど，弁護士にも得意，不得意な分野があるという話をお聞きしましたが，どこに，どんな分野の仕事を得意とする弁護士がいるのかが分からなければ，市民が弁護士に依頼をしたいというときに困りますよね。

教員：それは，弁護士の仕事の本質をどのように理解するかという問題にも関係します。広告禁止が必要であるとの立場の人は，弁護士の役割について，「弁護士は，基本的人権を擁護し，社会正義を実現することを使命とする。」（弁護士法1条1項）という弁護士の社会的・公共的役割を重視します。そして，広告は利益追求を目的とするビジネスにつながるものであって，プロフェッションたる弁護士の本質と矛盾すると主張します。聞き慣れない言葉かと思いますが，プロフェッ

ションというのは，聖職者，医師，弁護士の三つが代表的なもので，高度な専門的知識や技量を有していて，社会一般に奉仕することを使命とする職業を指すものと理解されています。また，弁護士の数が少なかった時代には，弁護士がまじめに仕事をしていれば，依頼者は自然と集まってくるのもので，広告で依頼者を集めるようなことは，「弁護士としての品位を欠く」（弁護士法31条1項，56条1項参照）と考える人も大勢いました。

受講生:金儲けに走る弁護士は困りますが，誇大広告であればともかく，弁護士が単に広告を出したからといって，「品位を欠く」とも思えませんが。

教員:そのとおりですね。広告に対する規制は，市民の弁護士へのアクセスを閉ざし，市民が信頼のできる弁護士を選択することの妨げになるという意見が弁護士の中でもしだいに支配的になり，平成12年（2000年）10月から弁護士の広告が原則自由化されました。それから，もう一つ，昭和40年（1965年）から平成6年（1994年）までの約30年間，新しく弁護士になる者の人数が，毎年400人から500人前後とほとんど変わらなかったものが，司法試験の合格者を増やしたことによって，平成7年（1995年）は500人台の後半，その翌年から4年間は600人台になり，平成12年（2000年）以降は約1,000人，平成19年（2007年）からは約2,000人に急増しました[1]。このように弁護士人口が急激に増加したことによって，「まじめに仕事をしていけば，依頼者は自然と集まってくる」というような従来の考え方では，弁護士の業務が成り立たない状況になっていることにも原因があります。令和2年（2020年）3月末日現在の日本の弁護士数は42,164人ですが，図15－2のグラフを見れば，平成12年（2000年）頃から弁護士人口が急激に増加していることが分かります。私たちが所属す

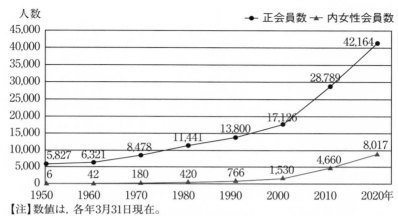

図 15 － 2　弁護士人口の推移

る神奈川県弁護士会の会員数も，私が弁護士になった昭和54年（1979年）の367人から令和2年（2020年）には1,690人と4倍以上に増加しています（いずれも3月31日現在）。このように，弁護士人口が急激に増加したことから，一時は，法科大学院を卒業して司法試験に合格して，弁護士，裁判官，検察官になるための司法修習を修了したにもかかわらず，就職先の法律事務所がなかなか見つからないというような，弁護士にとってたいへん厳しい状況も生じていました。

受講生：それはたいへんですね。でも，司法試験に合格して法曹の資格さえ取得すれば，弁護士としての地位が保証されて，一生涯安泰に暮らせるというのもおかしいような気がします。

教員：たしかにそのような意見も多く聞きます。以前，ある人から，弁護士に対する不満として，①威張っている，②仕事が遅い，③報酬が高い，と言われたことがあります。もう一つ，企業の弁護士に対する

258

不満として，④専門的な分野（例えば，特許等の知的財産権や国際税務の問題など，主として企業が国際的に事業を行う場合に生じる法律問題）の仕事に対応する能力がないという指摘があります。

受講生：なかなか手厳しい批判ですね。弁護士の数を増やせば弁護士の専門性も進み，競争原理が働いて，弁護士も親切になり，仕事の効率やスピードも上がり，報酬も安くなりそうですが。

教員：医師の数を増やしても過疎地における医師不足の問題が解消できなかったのと同様に，弁護士の数さえ増やせば，すべての問題が解決するというような単純な問題ではありません。また，普通の市民にとっては，弁護士に事件を依頼するのは一生に一度あるかないかということなので，今回依頼した弁護士が不親切で料金も高かったから，次回からはほかの弁護士に頼むというわけにもいきません。弁護士の世界にもある程度の競争原理が必要ですが，弁護士の仕事の特殊性から，競争原理だけでは問題が解決できないところに難しさがあります。

受講生：スピードという点では，「裁判に時間がかかり過ぎる」という批判があるようですが，この点は改善されたのでしょうか。

教員：裁判のスピードについては，私が弁護士になった昭和50年代（1975年〜1984年）の頃は，「五月雨式の口頭弁論」と言って，民事裁判が始まっても，お互いの言い分を書いた書類を裁判所に提出するだけの作業が延々と続き，いつになったら裁判が終わるか分からないというような状況がありました。このような状況を改善するため，平成10年（1998年）から新しい民事裁判手続のルール（民事訴訟法）が採用され，早期に裁判の争点を定めて，争点を絞った審理や証拠調べが行われるようになり，裁判のスピードは相当に短縮されたという実感があります。

裁判所の統計では，地方裁判所の一審の民事通常事件の対席事件（原

告・被告の両方が出席して審理された事件）の平均審理期間は，平成元年（1989年）の20.1か月から平成22年（2010年）の9.9か月に短縮されています（図15－3）。また，地方裁判所の一審の民事通常事件で，判決が出るまでに2年を超える事件の件数は，平成元年（1989年）の24,867件から平成21年（2009年）の6,242件に減少しています（図15－4）。この数字を見ても，民事裁判は，以前と比較してかなりスピードアップしたことが分かります。ただし，平成20年（2008年）頃から，審理期間が再び延びる傾向がみられ，裁判所や弁護士会としても，何らかの新たな対策を講じる必要が生じています。また，日本の民事裁判制度は，諸外国と比べて，IT化が著しく遅れているとの指摘があります[2]。

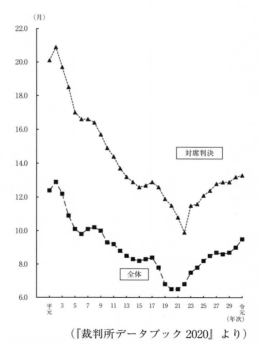

（『裁判所データブック2020』より）

図15－3　地方裁判所第一審通常訴訟の平均審理期間

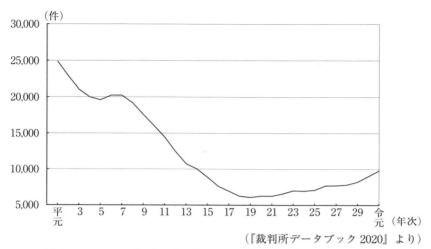

（『裁判所データブック 2020』より）

図 15 − 4　地方裁判所審理期間が 2 年を超えて系属する事件数

　これらの問題を解決するための手法の一つとして，平成 29 年（2017
年）頃から裁判手続における IT の活用が検討されるようになりまし
た。裁判手続の IT 化は，①訴状や準備書面等の裁判書類のオンライ
ンでの提出，②事件記録等をデータベースでの管理と閲覧，③ウェブ
会議等による期日の三つの要素があり，令和 2 年（2020 年）からは，
現行法のもとで，従来の電話会議に加えて，WEB 会議等の IT ツー
ルを活用して，効果的・効率的な争点整理手続を実施しようという試
みが全国各地の裁判所で始まっています[(3)]。

　なお，第 12 章で取り上げた労働審判では，法律によって原則 3 回
の審理で結論を出す仕組みが採用されているため，申し立てから結論
が出るまで，2 〜 3 か月程度で解決する事例が多いようです。この種
の事件を担当する弁護士としては，短期間に集中して裁判の準備をす
る必要があるので，多少しんどいところがあります。

受講生：裁判は長くかかるという印象がありましたが，かなりスピード
　アップされているようですね。弁護士の報酬についてはどうですか。

教員：弁護士報酬についても，以前は，弁護士が所属する各地の弁護士
　会が「弁護士報酬規定」という会則を設けて弁護士報酬の上限と下限
　を決めていましたが，平成 16 年（2004 年）4 月から自由化され，弁
　護士と依頼者との間で，自由に金額や支払方法を決めることになりま
　した。

受講生：弁護士や裁判の世界でも，最近はいろいろな変化があるのです
　ね。

教員：はい。平成 13 年（2001 年）6 月の司法制度改革審議会の「司法
　制度改革審議会意見書 – 21 世紀の日本を支える司法制度 –」は，司
　法や弁護士に対する市民や企業の批判に応え，司法を市民により身近
　なものにするという観点から，弁護士を含む法律家を「国民の社会生
　活上の医師」として位置づけ，法律家による法的サービスを日本社会
　の隅々まで行き渡らせる必要があるとの提言をしています。また，こ
　の提言に沿って，司法の世界では，これまでさまざまな改革が行われ
　てきました。第 3 章で取り上げた裁判員裁判《平成 21 年（2009 年）
　開始》，法律家を養成するための新しい教育機関である法科大学院《平
　成 16 年（2004 年）》設立は，この司法改革の一環として新たに創設
　された制度です。また，弁護士を初めとする法律専門家のサービスを
　市民がより身近に受けられるようにするための「総合案内所」として，
　平成 18 年（2006 年）には法テラス（日本司法支援センター）も設立
　されました。

受講生：司法制度改革審議会意見書が平成 13 年（2001 年）に出されて
　から既に 20 年たちましたが，司法改革は順調に進んでいるのですか。

教員：なかなか難しい問題ですね。先ほど，「法律家による法的サービ

スを日本社会の隅々まで行き渡らせる」ことが司法改革の大きな目的
の一つであると説明しましたが，15年ほど前に東北地方のある過疎
地に赴任した弁護士から，「この地域では，自分が法律事務所を開設
するまで，利息制限法が適用されていなかった」という話を聞いたこ
とがあります。

受講生：それはどういう意味ですか。法律というのは，日本で全国一律
に適用されるのではありませんか。

教員：そこが，この授業の目的とも関連するのですが，いくら法律が制
定されていても，市民にその法律を利用する機会がなければ，その法
律は存在していないのと同然です。利息制限法では，借金をした場合
の金利について一定の上限を設け，この上限を超えて支払った利息（過
払い金）については，借主は貸金業者に返還を求めることができるこ
とになっています。最近でこそ下火になりましたが，一時は，貸金業
者等に払い過ぎた利息の返還を求める「過払い金返還訴訟」が全国で
多数提起されました。ところが，この地域の人たちは，非常に真面目
な気質で，「約束した金利は払わなければならない」ということで，
何年間もずっと高利の金利を貸金業者に払い続けていたそうです。ま
た，過払い金について法律の専門家に相談したくても，この地域には
弁護士がいなかったので相談することもできなかった。弁護士がこの
地域に赴任したことによって，市民は初めてこの弁護士に依頼し，利
息制限法を適用して，貸金業者から過払い金の返還を受けることがで
きるようになった，ということです。このような現象を捉えて，「こ
の地域には利息制限法が適用されていなかった」と表現したものです。

受講生：なるほど。法律があっても，市民が弁護士や裁判所にアクセス
して，法律を活用できる環境を作らなければ，法律が適用されていな
いのと同じということですね。ところで，法科大学院は順調ですか。

教員：そこは決して順調とはいえない状況にあります。まず，法科大学
院卒業生の 7 〜 8 割が司法試験に合格できるようにするというのが当
初の制度設計だったのですが，法科大学院卒業生の司法試験合格率
は 2006 年の 48.3%から年々下がり続け，2010 年以降は 25%前後の状
態が続き，2017 年からは徐々に上昇する傾向にありますが，2020 年
でも 39.2%にとどまっています（図 15 − 5）。また，74 校あった法科
大学院についても，39 校が学生の募集を停止することを決め，令和 3
年（2021 年）度以降も学生募集を継続する法科大学院は当初の半数
以下の 35 校まで減少しています《令和 2 年(2020)年 12 月 31 日現在》。

　先ほど，企業から，従来の弁護士には，知的財産権をはじめとする
先進的，先端的分野における法律問題を処理する能力が欠けていると
の批判があるという話をしましたが，法科大学院には，このような先
端的，先進的な分野における法学教育も実施し，企業のニーズに応え
られる法曹を育成しようという目標がありました。ところが，司法試

（『弁護士白書 2020 年版』より）

図 15 − 5　司法試験合格率の推移

験の合格率が低いため，学生の法科大学院における関心が司法試験に合格することだけに集中してしまい，法科大学院がせっかく講座を設けても，司法試験とは関係がない先端的，先進的な分野の法律に学生が興味を示さないという状況が生じています。さらに，司法制度改革審議会意見書では，平成22年（2010年）頃までに司法試験の合格者数を3,000人に達成することを目指すとしていながら，実際の合格者は2,000人前後にとどまり，平成27年（2015年）の政府の法曹養成制度改革推進会議では，これまでの目標を半減して，合格者を1,500人程度以上とする方針に変更しました。また，平成16年（2004年）には72,800人いた入学志願者数が令和2年（2020年）には8,161人にまで減少し，法曹志望者数の激減が法曹の質の低下につながるおそれが生じています。

受講生：法科大学院に入学しても司法試験になかなか合格できないということでは，将来法曹になって社会に貢献しようという高い志を持った人材でも，法科大学院に入学することに躊躇しますね。

教員：そのとおりです。入学志願者数の減少だけでなく，法科大学院が創設された当初は，医師や公認会計士，一級建築士等の有資格者が法科大学院に入学して法曹を目指していましたが，最近は，そのような人材がめっきり減ってしまいました。このため，2020年（令和2年）度からは，法学部における法曹コース3年と法科大学院における既修者コース2年を連携させた新しい法曹養成コース（「3＋2」）を新設したり，法科大学院在学中に司法試験の受験資格を認めたりする等，法曹資格取得までの時間的・経済的負担を軽減するための法曹養成制度の改革が実施されました[(4)]。

　この授業は，特定の分野の法律についての専門的な知識を身につけることを直接の目的とするものではありませんが，授業を通じて，法

律や法曹の仕事に魅力を感じた学生には，ぜひ，法科大学院にもチャレンジしていただきたいと思います。

3.　弁護士の上手な利用法

受講生：この授業には，5 人の弁護士が登場し，市民が日常生活で遭遇する代表的な紛争類型について説明をしてもらいましたが，最後に弁護士の上手な利用法というものがあったら，ぜひ，教えてもらいたいのですが。

教員：弁護士の数が増え，弁護士過疎地におけるひまわり基金法律事務所の設立，法テラスによる弁護士の紹介，法律事務所によるインターネット上のホームページの開設や弁護士による広告などで，市民の弁護士へのアクセスの方法は，以前と比べて格段に便利になったと思います。以前は，紹介者がいなければ仕事は受けないという弁護士も大勢いましたが，現在では，特に若い世代の弁護士は，自分で積極的に依頼者の獲得に動いているというのが実情です。また，弁護士は，必ず地元（原則として都道府県単位）の弁護士会に所属していますので，弁護士会で弁護士の紹介を受けることもできます。ただし，どなたか信頼できる人が弁護士を紹介してくれるのであれば，まず，その方の紹介で弁護士に法律相談をしてみてはいかがでしょうか。

受講生：よく分からないのですが，弁護士に法律相談をするのと，事件の依頼をするのとは違うのですか。

教員：違います。法律相談というのは，依頼者から具体的事件について相談を受け，弁護士がその場で法律的なアドバイスをすることを言います。相手方から何らかの請求をされ，念のために弁護士の意見を聞いてみたいというような場合には，弁護士に法律相談をするだけで問題が解消することもあります。双方の意見に違いがあって，紛争の解

決に相手方との交渉や裁判が必要になる場合には，法律相談だけでは問題は解決しません。法律相談の場合の弁護士の報酬は，法律相談1回ごと，又は，相談時間によって定める場合が多く，法律事務所や相談の内容，相談時間によっても異なりますが，1回の相談について数千円から数万円程度というのが普通と思います。

受講生：弁護士に法律相談だけして，事件の依頼をしないということもできるのですか。

教員：できます。まず，ご自身で弁護士に会って法律相談をしてみて，この弁護士であれば安心して仕事を任せられると判断できた場合に初めて，事件の依頼をするのがよいと思います。依頼者と弁護士の間にも，いわゆる「相性」のようなものがあって，その種類の事件に精通している優れた弁護士であっても，依頼者との相性が悪ければ，事件がスムーズに進行しないことがあります。事件の依頼をした場合の弁護士報酬は，依頼者と弁護士とが契約で決めることになっています。

受講生：弁護士には料金表のようなものがあるのですか。

教員：法律事務所は「報酬規定」を作成していて，その報酬規定に基づき報酬を決めます。先ほども説明しましたが，弁護士報酬は自由化されましたので，報酬規定は法律事務所ごとに異なります。報酬については，弁護士からよく説明を受け，分からないことがあれば質問をして，ご自身が納得した上で決めるようにしてください。

受講生：弁護士に報酬の件を詳しく聞くのは失礼なような気もしますが大丈夫ですか。

教員：そのようなことはありません。弁護士会の規則に，「弁護士は，事件を受任するに当たり，依頼者から得た情報に基づき，事件の見通し，処理の方法並びに弁護士報酬及び費用について，適切な説明をしなければならない。」とあります。(弁護士職務基本規程29条1項) また，

法律相談や簡単な書面の作成などの場合を除いて，弁護士が事件の依頼を受ける場合には，報酬に関する事項を記載した契約書を作成することになっている（同規程 30 条）ので，契約書を必ず作成して，後で報酬に関するトラブルが生じることのないよう注意してください。

受講生：はい。分かりました。その他に，弁護士に相談したり依頼をしたりする場合に注意すべきことがありますか。

教員：弁護士に法律相談をしたり，事件の依頼をしたりする場合には，自分に有利なことも不利なことも包み隠さずに全部話すようにしてください。弁護士には，法律上の守秘義務（弁護士法 23 条）がありますので，弁護士に話した情報が相手方にそのまま漏れてしまうというようなことはありません。弁護士は，依頼者の話や依頼者から提出を受けた証拠によって事件の見通しや方針を立てますので，不利な事実や証拠があれば，先にそのことを弁護士に言っておかないと，弁護士が判断を誤り，結局は依頼者に不利な結果が生じることがあります。また，事件の当事者である依頼者には，事件に対する思い入れというものがありますので，一般論として，自分に有利に物事を解釈し，判断する傾向があります。弁護士は，その事件が裁判になった場合に，最終的に裁判官がどのような判断を下すかという視点，すなわち，客観的な視点から法律家としての見解を述べます。したがって，依頼者が考えている結論と弁護士の意見とが一致しない場合が多々生じると思いますが，そのような場合にも，決して怒らず，弁護士の説明をよく聞いて，弁護士の見解を理解する姿勢を持つようにしてください。弁護士は，依頼者にできるだけ有利な解決が図れるように最大限の努力をしますが，残念ながら，すべての場合に依頼者の思いどおりの解決が実現できるとは限りません。依頼者に有利なところだけを取り上げ，不利なところには目をつぶって，裁判で実現できないような見解

を述べる弁護士がいるとすれば，そのような弁護士は避けたほうがよいと思います。

受講生：よく分かりました。弁護士には守秘義務があるので，安心して何でも話してよいということですね。また，有利不利を問わず，ありのままに話すことが，結局は，自分自身の利益にもなることが分かりました。将来，弁護士に依頼をすることがあれば，そのことを心にとめて相談するようにします。

》**注**

（1）司法試験合格者の人数は，平成24年（2012年）の2,102人をピークとしてその後減少し，令和2年（2020年）の合格者は1,450人となっています。

（2）韓国では，2011年5月から，通常の民事裁判手続において，電子裁判制度が導入されています（韓国「電子裁判」視察報告書。2011年3月日弁連コンピュタ委員会。

https://www.nichibenren.or.jp/library/ja/committee/list/data/chousahoukoku2010.pdf

（3）平成29年（2017年）6月，閣議で裁判手続等のIT化の推進対策を検討することが決定され，平成30年（2018年）3月に内閣官房に設置された「裁判手続等のITツールを活用化検討会」が「裁判手続等のIT化に向けたとりまとめ―「3つのe」の実現に向けて」を発表しました。「3つのe」とは，本文に記載した民事訴訟手続における①裁判書類の提出，②事件の管理，③法廷の3つの要素を，ITを活用して実施しようというものです。「3つのe」を活用した民事裁判を実施するためには民事訴訟法等の法改正が必要で，令和2年（2020年）6月から法制審議会民事訴訟法（IT化関係）部会において法改正のための検討が行われています。なお，令和2年（2020年）4月に発出された新型コロナウィルスによる緊急事態宣言の期間中，横浜地方裁判所における民事訴訟事件は，そのほぼすべてが停止しました。民事裁判がIT化されれば人の

接触機会を減らして裁判を進めることが可能にあり，裁判手続の IT 化は感染
症対策の一つとしても極めて有効な手段であるといえます。

（4）司法試験の受験資格を得るためには，原則として法科大学院を修了する必要
がありますが，その例外として，「司法試験予備試験」に合格するルートが認
められています。これは，法科大学院の修了には，大学の学部終了後，さら
に 2 年ないし 3 年の期間をするため，時間や金銭上の都合その他の理由によ
り法科大学院を経由しない者に対しても司法試験の受験資格を得る道を開く
ために平成 23 年（2011 年）から実施された制度です。ところが，近時，法曹
を志望する優秀な学生にとっては，法科大学院に入学するより予備試験を受
験する方が司法試験合格への近道とみなされる傾向が強くなり，令和 2 年（2020
年）には，司法試験合格者 1,450 人のうち 378 人が予備試験合格者であり，同
年度の予備試験合格者 442 人のうち 338 人が大学又は法科大学院在学中の学
生であるという状況が生じています。

索引

●配列は五十音順，アルファベット順に掲載。

分担執筆者紹介

藤田　香織（ふじた・かおり）

・執筆章→2・3

1980 年	東京都杉並区に生まれる
2004 年	上智大学法学部卒業
2006 年	横浜国立大学国際社会科学研究科法曹実務専攻卒業
2007 年	弁護士登録（新60期），杉原・須々木法律事務所にて執務開始
2012 年	藤田・戸田法律事務所開設
2012 年	横浜国立大学国際社会学研究科　客員准教授（至 2015 年 4 月）
現在	神奈川県弁護士会子どもの権利委員会委員，日本弁護士連合会子どもの権利委員会福祉小委員長を務め，教育委員会，児童相談所の嘱託弁護士，非常勤弁護士として勤務するほか，少年事件，刑事事件も積極的に取り扱っている。
主な著書・論文	『児童虐待問題に対する弁護士の取り組み』（法律のひろば 66 巻 9 号　2015 年） 『実務コンメンタール　児童福祉法・児童虐待防止法』（共著，共同編集　有斐閣　2020 年）等がある。

德田　暁（とくだ・さとる）

・執筆章→8・11

1996 年	中央大学法学部政治学科（卒業）
1999 年	早稲田大学大学院修士課程民事法学（修了）
2000 年	弁護士登録（横浜弁護士会）
2005 年	米沢ひまわり基金法律事務所　初代所長（山形県弁護士会）
2009 年	横浜あかつき法律事務所　開設　代表（横浜弁護士会）
現在	法律事務所インテグリティ　共同代表（神奈川県弁護士会）
主な活動	日本弁護士連合会　高齢者・障害者支援センター　委員 同　スポーツ・エンターテインメント法促進　PT　幹事 神奈川県弁護士会　高齢者・障害者の権利に関する委員会 委員長（2017 年〜 2019 年） 神奈川県弁護士会　2019 年度副会長 文部科学省原子力損害賠償紛争審査会特別委員 駒澤大学文学部社会福祉学科非常勤講師 横浜簡易裁判所民事調停官（2012 年〜 2016 年） 横浜家庭裁判所家事調停委員
主な著書・論文	『ケーススタディ障がいと人権』（共著，障害と人権 全国弁護士ネット編，生活書院　2009 年） 『障害者差別よ，さようなら！ケーススタディ障が いと人権2』（共著，障害と人権全国弁護士ネット編， 生活書院　2014 年） 『Q&A　成年後見実務全書』（共著，民事法研究会 2015 年） 『罪に問われた障害者に対する取組』（法律のひろば ぎょうせい　2016 年） 『障害年金実務ハンドブック』（共著，日弁連高齢者・ 障害者権利支援センター編，民事法研究会　2018 年） 『学校事故判例と救急処置を巡る法的諸問題』（学校 救急看護研究　日本学校救急看護学会　2015 年） 『スポーツ事故対策マニュアル』（共著，弁護士による スポーツ安全対策委員会著，体育施設出版　2017 年 『スポーツの法律相談』（共著　編集，青林書院 2017 年）

等がある。

中村　真由美 （なかむら・まゆみ）

・執筆章→ 14

1980 年　神奈川県に生まれる
2002 年　早稲田大学法学部卒業
2004 年　北海道大学大学院法学研究科法学政治学専攻修士課程修了
2006 年　横浜国立大学大学院国際社会科学研究科法曹実務専攻修了
2007 年　弁護士登録
現在　　川島法律事務所・弁護士

編著者紹介

川島　清嘉（かわしま・きよし）

・執筆章→1・9・10・12・15

1954 年　神奈川県横浜市に生まれる
1977 年　東京大学法学部卒業
1979 年　弁護士登録（第二東京弁護士会）
1982 年　カリフォルニア大学バークレー校修士課程修了
1995 年　最高裁判所司法研修所民事弁護教官（1998 年まで）
2004 年　横浜国立大学法科大学院教授（2009 年まで）
現在　　弁護士（神奈川県弁護士会）川島法律事務所
主な著書　『民事訴訟審理』（共著，判例タイムス社　2000 年）
　　　　　『法科大学院ケースブック「民法」』（共著，日本評論社　2004 年）
　　　　　『事例研究　民事法』（共著，日本評論社　2008 年）等がある。

川島　志保（かわしま・しほ）

・執筆章→4・5・6・7・13

1975 年　東北大学法学部卒業
1981 年　弁護士登録（横浜（現神奈川）弁護士会）
1998 年　川崎市人事委員（2002 年まで）
2004 年　横浜市不正防止内部通報委員（2016 年まで）
2012 年　放送大学『市民生活と裁判』分担講師
2013 年〜　地方公務員災害補償金神奈川支部審査委員
現在　　川島法律事務所・弁護士
主な著書　『シェルターから考えるドメスティックバイオレンス』（共
　　　　　著，明石書店　2006 年）
　　　　　『よくわかる知的障がいのある人たちの人権』（共著，財団
　　　　　法人日本知的障害者福祉協会）
　　　　　『障害者虐待防止法活用ハンドブック』（共著，民事法研究
　　　　　会　2012 年）等がある。

放送大学教材　1539434-1-2211（テレビ）

三訂版　市民生活と裁判

発　行　　2022 年 3 月 20 日　第 1 刷

編著者　　川島清嘉・川島志保

発行所　　一般財団法人　放送大学教育振興会

　　　　　〒105-0001　東京都港区虎ノ門 1-14-1　郵政福祉琴平ビル

　　　　　電話　03（3502）2750

市販用は放送大学教材と同じ内容です。定価はカバーに表示してあります。

落丁本・乱丁本はお取り替えいたします。

Printed in Japan　ISBN978-4-595-32336-2　C1332